Die große Klappe der IDEEN

Die feinen Gerichte werden Sie sicher nicht für sich allein, sondern für Gäste zubereiten wollen. Machen Sie die Klappe auf, wenn Sie dafür noch Tips suchen.

1

Kanapees

Aperitifs 8
Hähnchenschnecken 10
Limetten-Zwiebeln 12
Knoblauch-Krabben 13
Fischbällchen 14
Mais-Tomaten 16
Crêpe-Röllchen mit Lebercreme 17
Ananas im Speck 18

2

Snacks

Cevice 22
Karibischer Salat 23
Spareribs mit Black Beans 24
Fleischklößchen in Paprika 26
Bataten mit Avocadocreme 27
Krabben-Gratin in Kokosnuß 28
Rum-Carpaccio 30
Maiskolben mit Vinaigrette 31

Klappe vorn:
Karibische Küche: exotisch – scharf – ländlich
- Die richtigen Gläser
- Mit Marinade wird's schön scharf – oder sauer
- Menü-IDEEN von Vorspeise bis Dessert
- Die große Tafel
- Der schön gedeckte Tisch

Seite 78/79:
Das Register zum schnellen Planen und Finden

Klappe hinten:
IDEEN im Team
- Besondere Geräte
- Zubehör zum Mixen
- Wer knackt die Nuß
- Exotisches Obst und Gemüse
- Saisonkalender
- Spickzettel

3

Lunch

Longdrinks . . . 34
Bunte Frittata . . . 36
Okrapudding mit Avocado . . . 37
Rum-Huhn mit Pecans . . . 38
Schinkenbraten in Kokossahne . . . 40
Orangen-Steaks mit Okra . . . 41
Surf & Turf . . . 42
Frikassee mit Kokosreis . . . 44
Ragout in Mangosaft . . . 45
Tarte Caribique . . . 46
Brassen auf Batatengratin . . . 48
Haifisch in Limettensauce . . . 49
Gratinierte Papaya . . . 50

4

Dinner

Gefüllte Schweineschulter . . . 54
Filet in Bananenbrot . . . 56
Kreolenreis . . . 58
Kalter Limetten-Putenbraten . . . 59
Gemüsegratin mit Kokosschnee . . . 60
Meeresfrüchte-Suppe . . . 62

5

Süßes

Digestifs . . . 66
Bananen-Pecan-Baba . . . 68
Bananen-Limetten-Schaum . . . 70
Rum-Sabayon mit Orange . . . 71
Crème Caramel au Coco . . . 72
Rum-Ananas mit Kokosbaiser . . . 73
Blanc Manger von Kokosnuß . . . 74
Sorbet von Mango und Papaya . . . 76
Eclairs mit Karamelfäden . . . 77

CAMPARI
PAPAYA
CAC
BRAZIL

Das sind spritzige, alkoholische Getränke, die vor dem Essen genossen werden. Sie sollen den Appetit anregen und auf das folgende Essen einstimmen.

Sie können aber auch »solo« stehen und ganz einfach nachmittags mit einer Kleinigkeit gereicht werden.

Die folgenden Aperitifs sind alle »Longdrinks«, die in großen Gläsern serviert werden.

Auf einen Blick

4 Portionen

Besonderes Gerät: Meßbecher; Shaker (Mixbecher); Pürierstab (Mixer); Kugelausstecher.

Wird immer gebraucht: Eiswürfel; Cocktailkirschen; Limetten oder Zitronen; exotische Früchte zum Garnieren.

Piña Colada

Ein klassischer karibischer Aperitif.

1 Dose Kokoscreme
Batida de Coco
Weißer Rum
Ananassaft

1 Pro Drink 4 Eiswürfel in den Shaker geben.

2 Dazu 4 cl Kokoscreme, 2 cl Batida und 4 cl Rum gießen.

3 Shaker schließen und kräftig schütteln.

4 In ein Glas absieben, mit gut gekühltem Ananassaft aufgießen.

Ein Ananasstück in Kokosraspeln wenden, auf einem Spießchen in das Glas setzen.

Caribbean Blue

Das Einfachste ist oft das Beste. Ein Drink wie die Karibik: schillernd, frisch und bitter-süß.

Curaçao Blue
Tonic water
Trockener Sekt

Je 2 – 3 Eiswürfel in vier Gläser füllen, pro Glas 4 cl Curaçao einfüllen. Halb mit Tonic, halb mit Sekt auffüllen.

Mit Strohhalm servieren.

Sweet Lime

Witziger Drink mit grünen Eiswürfeln aus Kiwilikör. Achtgeben: Der Likör muß verdünnt werden, sonst verhindert der Alkoholgehalt das Gefrieren.

Grüner Kiwi-Wonder-Likör
Bitter Lemon
1 Limette
Orangenlikör (farblos)
Wahlweise: 1 Eiweiß, grüner Dekorzucker

16 cl Kiwi Wonder mit 16 cl Bitter Lemon mischen.

5 In eine Eiswürfelschale (für Kugeln) füllen, einfrieren.

6 Nach 2 Std. sind die Kugeln fest gefroren. Die Limette auspressen und den Saft auf 4 Gläser verteilen, die Eiswürfel ebenfalls in die Gläser geben, mit je 2 cl Orangenlikör mischen und mit Bitter Lemon aufgießen.

Gläserrand mit Eiweiß dünn bepinseln, dann in grünen Zukker tauchen. Eine Limettenscheibe bis zur Mitte einschneiden, auf den Rand setzen.

Tropical Planter's Punch

Fruchtig-erfrischender Drink.

½ kleine Wassermelone (400 g)
Weißer Rum
Tropischer Fruchtlikör (Tutti Frutti)

Melonenfleisch aus der Schale löffeln, Kerne entfernen und das Fruchtfleisch in einer hohen Rührschüssel mit dem Pürierstab (oder im Mixer) pürieren. Je 2 Eiswürfel in 4 hohe Gläser geben, je 2 cl Rum und 4 cl Fruchtlikör abmessen und auffüllen, mit Wassermelonensaft aufgießen.

Einen ganz bunten Fruchtspieß mit Wassermelonenkugeln, Ananas, Mangostückchen, Kiwischeiben herrichten und in den Drink stellen.

Bitter Melon

Ein klassischer Aperitif, der leicht herb schmeckt.

140 g Charentais-Melone (etwa ½ Frucht)
Campari
Grenadine (Granatapfelsirup)
Angostura Bitter
Sodawasser
4 grüne Oliven

Melonenfleisch aus der Schale schneiden, Kerne entfernen und die Melone in der Rührschüssel mit dem Pürierstab vermusen. Melonenmus auf 4 Gläser mit je 2 Eiswürfeln verteilen, pro Glas 4 cl Campari, 2 cl Grenadine und einen Spritzer Angostura zugeben, mit Soda aufgießen.

2 Melonenkugeln (aus der übriggebliebenen Hälfte der Melone ausstechen) und 1 grüne Olive auf einem Spießchen quer über den Drink legen.

Ideen

Zu Piña Colada:
- Glasrand in Ananas tauchen, dann in Kokosraspel.
- Kokoscreme selber machen: 3 EL Kokosraspel mit 100 ml Wasser 30 Min. köcheln, durch ein Tuch pressen, süßen.

Zu Caribbean Blue:
- Nur mit Tonic wird es leichter.
- Es gibt auch Curaçao ohne Alkohol – ein aromatischer Orangenauszug.

Zu Sweet Lime:
- Wer's quietschsüß mag: statt Kiwilikör für die Eiswürfel Bananenlikör nehmen.
- Wenn Sie Zitronensaft nehmen, dann die doppelte Menge.

Zu Tropical Planter's Punch:
- Statt Fruchtlikör: Melonenlikör nehmen, schmeckt edler.
- Nur zur Hälfte Wassermelonenpüree nehmen, die Gläser mit Bitter Orange auffüllen.

Zu Bitter Melon:
- Statt Campari Kräuterlikör: ähnlich bitter, aber weicher.
- Statt Grenadine: Crème de Cassis alkoholfrei.

1

2

3

4

5

6

Hähnchenschnecken

1

2

3

4

5

Kleine Rouladen von Hähnchenfleisch mit Petersilien-Farce

Kleine Kanapees in einer sämigen Sauce, die teilweise aus Füllung besteht. Die Rouladen sind dadurch sehr saftig.

Geschmacksrichtung: zartwürzig, deutlicher Erdnußgeschmack.

Sie können heiß, aber auch lauwarm serviert werden.

Auf einen Blick

4 Portionen (etwa 12 Kanapees)

Besonderes Gerät: Fleischklopfer; Pürierstab (Blitzhacker); Zahnstocher; große Pfanne mit Deckel.

Dauert insgesamt: 40 Min.
Dabei zu tun: 30 Min.
Herd: 10 Min.

Dazu servieren: Weißbrot, Grissini.

Getränketip: Caribbean Blue.

Pro Portion: 1400 kJ / 330 kcal

Einkaufen

Fleisch:
400 g Hähnchenbrustfilet

Gemüse:
1 Bund Petersilie

Sonstiges:
75 g geröstete, ungesalzene Erdnußkerne
25 g Butter
1 TL Sojasauce
2 TL scharfer Senf
1 EL Zitronensaft
1 TL grüne Pfefferkörner
3 EL Öl zum Braten
½ TL Salz, frisch gemahlener schwarzer Pfeffer

Zubereiten

1 400 g Hähnchenfleisch mit einem Fleischklopfer flach und dünn klopfen, dabei die glatte Seite benutzen.

2 Das Fleisch mit der Faser in etwa 4 cm breite, höchstens 10 cm lange Streifen schneiden.

Das Bund Petersilie waschen, die Blättchen von den Stengeln zupfen und in eine hohe Rührschüssel geben. 75 g Erdnüsse, 25 g Butter, 1 TL Sojasauce, 2 TL Senf, 1 EL Zitronensaft, ½ TL Salz und Pfeffer hinzufügen.

3 Mit Pürierstab (Blitzhacker) fein pürieren. 1 TL grünen Pfeffer hacken, untermischen.

4 Die Farce auf die Fleischstreifen streichen.

5 Jeden Streifen möglichst eng zusammenrollen und mit Zahnstocher zusammenstecken.

Große Pfanne: 3 EL Öl erhitzen, Röllchen von allen Seiten anbraten, Hitze reduzieren und einen Deckel auflegen. Das Fleisch etwa 8 Min. schmoren lassen.

Anrichten

Mit Zahnstochern in der Sauce servieren. Oder Spießchen entfernen und die Röllchen mit Sauce auf Tellern anrichten. Dazu kleine Gabeln aufdecken.

Ideen

- Das Gericht läßt sich am Vortag zubereiten. Oder einfrieren. Wenn vorhanden, in der Mikrowelle auftauen und erwärmen.
- Statt Petersilie Basilikum, statt Erdnüssen geschälte Mandeln: verleiht dem Gericht einen würzigen, eher italienischen Charakter.
- Würzig mit ausgelöster Brust von Maishähnchen. Oder dünnen Schweineschnitzeln.
- Braten Sie in Olivenöl – das schmeckt eigenwilliger.

Frühlingszwiebeln in Limetten-Angostura-Sud

Leichte, erfrischende Kleinigkeit. Im Geschmack säuerlich-mild. Läßt sich auch 1–2 Tage im voraus zubereiten, wird dadurch im Geschmack noch intensiver.

Angostura Bitter ist eine Würzmischung aus verschiedenen Gewürzen mit eher herbem Aroma. Es wird in Trinidad hergestellt und häufig bei Mixgetränken oder als Magenbitter verwendet.

Auf einen Blick

4 Portionen

Besonderes Gerät: große Pfanne mit Deckel; Alufolie.

Dauert insgesamt: 50 Min.
Dabei zu tun: 35 Min.
Herd / Ofen: 10 / 15 Min.

Dazu servieren: Baguettescheiben mit Knoblauchbutter.

Getränketip: Piña Colada.

Pro Portion: 330 kJ / 80 kcal

Einkaufen

Gemüse:
2 Bund Frühlingszwiebeln
1 große rote Paprikaschote
3 Limetten

Sonstiges:
2 EL Olivenöl
1 TL Angostura Bitter
1 TL Salz
frisch gemahlener Pfeffer
1 Spritzer Tabasco

Zubereiten

Von 2 Bund Frühlingszwiebeln Wurzeln und welke Blattenden abtrennen, das äußerste Hüllblatt abziehen.

1 Zwiebeln schräg in 3 cm lange Stücke schneiden.

Alle 3 Limetten halbieren, je eine dünne Scheibe von jeder Hälfte abschneiden, dann die Hälften auspressen. Den Saft abmessen, mit der gleichen Menge (etwa 100 ml) Wasser auffüllen.

► Backofen (oder Grill) auf 220° anheizen.

Große Pfanne: 2 EL Öl auf mittlerer Stufe erhitzen, Zwiebelstücke darin langsam anbraten, Limettenwasser aufgießen und die Gewürze (1 TL Angostura Bitter, 1 TL Salz, Pfeffer, 1 Spritzer Tabasco) hinzufügen.

Hitze zurücknehmen, Zwiebeln insgesamt 8 Min. zugedeckt pochieren.

Die unzerteilte Paprikaschote auf Alufolie im Backofen (unterm Grill) 10–15 Min. braten, dabei öfter drehen, bis die Haut braune Blasen wirft. Unter einem nassen Küchentuch kurz abkühlen lassen. Haut abziehen, Strunk und Kerne entfernen. Das Paprikafleisch in Rauten schneiden.

Limettenscheiben halbieren, mit den Paprikastücken zu den Frühlingszwiebeln geben. Einmal durchrühren und im Sud erkalten lassen. Recht scharf mit Tabasco abschmecken.

Anrichten

In einer flachen Schale samt Saft und Limetten auftragen, Sticker oder kleine Gäbelchen bereitlegen. Nach Belieben mit einigen Blättern Salat garnieren.

1

Ideen

- Knoblauchfans können die Marinade mit einer gehackten Knoblauchzehe anreichern. Oder gleich 5 ganze geschälte Knofelzehen mitdünsten.
- Originell: Die (gut gewaschenen) Limetten halbieren und mit Schale in Stücke schneiden. In einer Schüssel zerstampfen, den Saft abgießen und verdünnen. Die ausgedrückten Limettenstücke dann zum Schluß zugeben.
- Probieren Sie das Gericht einmal mit Champignons oder Zucchinischeiben.
- Ganz toll mit jungen Lauchstangen, die es im Frühsommer gibt. Sie sind fast genauso zart wie die Frühlingszwiebeln, aber noch würziger.

Knoblauch-Krabben

Marinierte Knoblauch-Krabben in Lauchcreme

Eine pikant-frische, nicht ganz billige Vorspeise, die sich gut vorbereiten läßt. Die Krabben gewinnen durch Knofel und Rum an Aroma, der Lauchschaum macht sie saftiger. Reichen Sie Sticker oder kleine Gäbelchen als Besteck dazu.

Auf einen Blick

4 Portionen

Besonderes Gerät: Blitzhacker; große Pfanne.

Dauert insgesamt: 1 Std. 25 Min.
Dabei zu tun: 40 Min.
Herd: 20 Min.

Dazu servieren: Baguettescheiben.

Getränketip: Bitter Melon.

Pro Portion: 1200 kJ/290 kcal

Einkaufen

Fisch:
12 frische Hummerkrabben (ersatzweise tiefgefrorene)

Gemüse:
2 Knoblauchzehen
1 Stange Lauch
1 Limette

Sonstiges:
3 EL Pflanzenöl
100 ml weißer Rum
1 EL Olivenöl
100 g Crème fraîche (40 %)
Salz, Pfeffer

Zubereiten

Die 12 Krabben schälen, wenn tiefgefroren, auftauen lassen. Bei frischen Krabben die Schwanzflosse nicht entfernen – sie sieht dekorativ aus und dient beim Essen zum Festhalten. Den Darm entfernen, Krabben unter kaltem Wasser abwaschen, mit Küchenpapier trockentupfen.

Die 2 Knoblauchzehen sehr fein würfeln.

Pfanne: 3 EL Pflanzenöl erhitzen, Krabben von jeder Seite 1 Min. braten. Den Knoblauch und 100 ml Rum zugeben, mit Salz und Pfeffer würzen, 1 Min. aufkochen. Die Krabben im Sud erkalten lassen.

1 Wurzel und welke Blattenden von 1 Stange Lauch abschneiden, das Deckblatt entfernen.

2 Die Stange seitlich aufschneiden und unter fließendem Wasser allen Sand ausspülen. Lauch in Scheiben schneiden.

Mittlerer Topf: 1 EL Olivenöl erhitzen, Lauch darin anbraten. Hitze zurücknehmen, mit Pfeffer und Salz würzen und den Lauch in 15 Minuten gar dünsten. Wenn nötig, noch löffelweise Wasser zugeben.

Den abgekühlten Lauch mit dem Blitzhacker fein pürieren. Die Limette auspressen und den Saft unter den Lauch mischen. 100 g Crème fraîche zum Schluß untermischen, abschmecken. Möglichst noch 1 Std. kalt stellen.

Anrichten

Auf einer runden Platte die Krabben sternförmig anordnen. Die Lauchcreme in die Mitte setzen.

1

2

Ideen

- Sehr pikant schmeckt es auch, wenn die Krabben warm und nur die Creme kalt ist.
- Sparsamer: Statt der Hummerkrabben kleine Shrimps nehmen (200 g).
- Auch toll: mit Filetspitzen statt Shrimps.

1

2

3

Scharfe Fischbällchen mit Peperoniherz

Knusprige, pikante Kleinigkeit, die auch aus der Hand gegessen werden kann. Außen eher mild, enthält das Klößchen eine scharfe Füllung. Die Kruste hat einen zitronigen Geschmack.

Kostet einige Arbeit, kann auch in der Friteuse zubereitet werden.

Schmeckt auch kalt.

Auf einen Blick

4 Portionen

Besonderes Gerät: Blitzhacker (Pürierstab, Mixer); Alufolie.

Dauert insgesamt: 1 Std.
Dabei zu tun: 1 Std.
Herd: 30 Min.

Dazu servieren: Sauce Remoulade oder Sauce Tatar (siehe »Ideen«).

Getränketip: Caribbean Blue, Tropical Planter's Punch.

Pro Portion: 1300 kJ/ 310 kcal

Einkaufen

Fisch:
200 g Fischfilet, frisch oder tiefgefroren (weißfleischiger Seefisch wie Rotbarsch, Lengfisch oder Kabeljau)

Gemüse:
3 Zitronen (davon 1 zum Dekorieren)
1 Schalotte
2 Bund glatte Petersilie (davon 1 zum Garnieren)
2 frische rote Chilischoten

Sonstiges:
1 TL Tomatenmark
1 Ei (nur Eigelb wird benötigt)
1 TL Ahornsirup
2 EL Olivenöl
etwa 10 g Semmelbrösel
etwa 75 g Mehl zum Wälzen
Kokosfett zum Braten
15 Pimentkörner
Tabasco, Salz, schwarzer Pfeffer

Zubereiten

200 g Fischfilet salzen. 2 Zitronen auspressen, davon 2 EL Saft über den Fisch träufeln (Rest in eine kleine Schüssel gießen).

1 Fisch auf ein großes Stück Alufolie legen, 15 Pimentkörner darauf verteilen, pfeffern. Folie dicht schließen.

In einen flachen Topf 2 cm hoch Wasser füllen und zum Kochen bringen.

2 Das Fischpaket ins Wasser legen und knapp 20 Min. darin garziehen lassen.

3 Die 2 Chilischoten aufschneiden, Stiel, Zwischenwände und scharfe Kerne entfernen. Die Schote in kleine Würfel schneiden, mit 1 TL Tomatenmark, Tabasco, Salz und Pfeffer zur Füllung vermischen.

1 Schalotte abziehen, halbieren und in feinste Würfel schneiden. 1 Bund Petersilie waschen, Blättchen abzupfen und mit dem Messer sehr fein hacken, beides zusammen in ein Schüsselchen geben.

Fisch abkühlen lassen, Pimentkörner entfernen und Fischfleisch mit dem Blitzhacker (Pürierstab, Mixer) zermusen, mit Petersilie, Schalotte, 1 Eigelb, 1 TL Sirup, 2 EL Olivenöl und etwas Tabasco vermischen. Soviel Semmelbrösel zugeben, bis die Masse fest und formbar ist.

Etwa 16 Portionen abstechen, mit nassen Händen kleine Klößchen formen.

4 In die Mitte ½ TL der Peperonifarce drücken.

5 Nun die Bällchen erst in Mehl wälzen, dann in den Zitronensaft tunken und wiederum in Mehl wenden.

Kokosfett in einer tiefen Pfanne (oder Friteuse) erhitzen – es sollte etwa 1,5 cm hoch stehen – und die Bällchen von allen Seiten in 7 – 8 Min. knusprig braun ausbacken.

Mit Schaumlöffel herausheben und auf doppelter Lage Küchenkrepp kurz abtropfen lassen.

Anrichten

Heiß oder kalt mit Zitronen- oder Limettenspalten anrichten. Üppig mit glatter Petersilie garnieren. Zum Dippen eventuell eine Sauce dazu reichen.

4

5

Ideen

- Wenn Sie ein Mikrowellengerät haben: Das Fischfilet in geeignetes Geschirr legen, mit Deckel oder Klarsichtfolie abdecken und bei 330–360 Watt etwa 3 Min. garen. Nach dem Abschalten einige Minuten stehen lassen, damit sich die Wärme gleichmäßig verteilt.
- Die Bällchen mit Kokosraspeln panieren. Das Bratfett darf dann nicht zu heiß werden, sonst verbrennen die Raspel.
- Statt Schalotte: ½ Zwiebel und 1 Knoblauchzehe.
- Sie könnten auch Schweinefleisch marinieren und für die Klößchenmasse pürieren.
- Saucen zum Dippen: Grundlage der Sauce Remoulade und Sauce Tatare ist eine **Mayonnaise**. Dafür 2 zimmerwarme Eigelb mit ½ TL Salz, Pfeffer, 1 TL Senf und 1 EL Zitronensaft in einer Schüssel cremig rühren. Unter ständigem Quirlen mit dem Schneebesen zunächst tropfenweise Pflanzenöl (zimmerwarm, zum Beispiel Sonnenblumen- oder Traubenkernöl) einschlagen; wenn die Mischung dicker wird, dürfen Sie das Öl in dünnem Strahl zugießen und einschlagen. Insgesamt können 2 Eigelb bis zu ¼ l Öl binden. Abschmecken. Wenn die Mayonnaise zu dickflüssig ist, noch etwas Zitronensaft mit dem Schneebesen einrühren.

Sauce Remoulade: 1 Gewürzgurke, 1 EL Kapern, 2 (abgespülte) Sardellenfilets, 5 Stengel Schnittlauch, 3 Zweige Petersilie oder etwas Kerbel ganz, ganz fein hacken und unter die fertige Mayonnaise rühren. Die Sauce sollte einige Zeit im Kühlschrank durchziehen können.
Sauce Tatare: 1 hartgekochtes Ei klein würfeln (mit dem Eierschneider einmal längs und einmal quer zerteilen). Mit 1 gehäuften EL Schnittlauchröllchen (oder fein gehackter Frühlingszwiebel) und kräftig Cayennepfeffer oder Tabasco unter die Mayonnaise rühren. Nach Geschmack auch mit etwas scharfem Senf abschmecken. Mindestens 1 Std. kühl stellen.

1

2

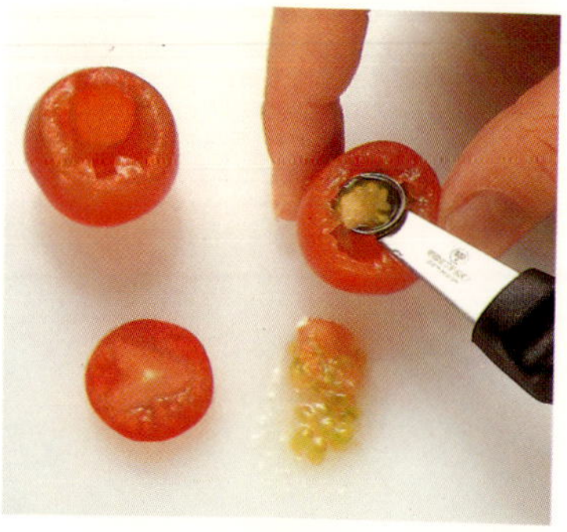

3

Cocktailtomaten mit Mais-Speck-Kapern-Füllung

Saftig-frische Häppchen, die bereits einen halben Tag vorher zubereitet werden können.

Auf einen Blick

4 Portionen

Besonderes Gerät: kleiner Kugelausstecher (Kartoffelbohrer).

Dauert insgesamt: 45 Min.
Dabei zu tun: 45 Min.
Herd: 25 Min.

Dazu servieren: eventuell pikantes Kleingebäck.

Getränketip: Bitter Melon, Caribbean Blue.

Pro Portion: 400 kJ / 95 kcal

Einkaufen

Fleisch:
30 g durchwachsener Speck

Gemüse:
20 Cocktailtomaten (250 g)

Sonstiges:
40 g Maisgrieß (Polenta)
200 ml Gemüsebrühe (Instant)
2 TL kleine Kapern
2 EL bunter Pfeffer (grob geschrotet)
1 Kardamomkapsel (oder ¼ TL gemahlener Kardamom)
Salz, Pfeffer

Zubereiten

Speck (30 g) in äußerst feine Würfel schneiden. Mittlerer Topf: Den Speck bei kleiner Hitze auslassen, bis er zu bräunen beginnt.

Dann 40 g Maisgrieß zufügen und leicht anrösten, 200 ml Brühe angießen. Bei kleinster Hitze den Maisgrieß etwa 15 Min. quellen lassen. Ab und zu umrühren, sonst setzt er an.

Zum Schluß 2 TL Kapern hacken, mit etwas Kapernbrühe unter den Grieß mengen.

1 Eine Kardamomkapsel knakken, Samenkugeln mit dem Messerrücken zerdrücken, unterziehen und den Brei mit Salz und Pfeffer abschmecken.

20 Cocktailtomaten waschen, trockenreiben. Von jeder Frucht einen kleinen Deckel abschneiden.

2 Die Tomaten mit einem Kugelausstecher aushöhlen (Fruchtfleisch für eine Suppe oder einen Salat verwenden).

Mit nassen Händen die Maisfarce in die Tomaten drücken, Oberfläche glattstreichen.

3 Mit der Maisfüllung in den bunten Pfeffer tauchen.

Anrichten

Auf einer Platte (vielleicht mit Salatblättern) anordnen. Zimmerwarm servieren.

Ideen

- Probieren Sie den Maisbrei nach dem Quellen, manche Sorten benötigen eine längere Garzeit. Ganz schnell geht es mit der vorbehandelten Polenta. Sie ist bereits nach 5 Min. fertig.
- Bunten Pfeffer selbst mischen: Je 7 grüne, weiße, schwarze und rosa Pfefferkörner mit 5 Körnern Nelkenpfeffer (Piment) im Mörser grob zerstampfen.
- Statt Kapern eingelegte grüne Pfefferkörner nehmen: das macht die Füllung schärfer.
- Pikant, wenn auch eher Mittelmeercharakter: unter den Mais 1–2 EL Ricotta salata (Schafkäse) statt Speck mischen.
- Schmeckt auch heiß: Dann ein kleines Stück Mozzarella auf die Füllung legen und kurz im Ofen bei 220° gratinieren.
- Besonders dekorativ: 10 dicke grüne Peperoni am Stielansatz rundum einschneiden, die Kerne mit Trennwänden entfernen (ein schmales Filetiermesser leistet Hilfestellung). Eine Hälfte der Farce in Tomaten (es genügen 10) und die andere in die Peperoni füllen.
- Wenn Sie keine Cocktailtomaten bekommen: normale Tomaten im Ganzen füllen, erkalten lassen und dann in mundgerechte Spalten schneiden. Sternförmig auf einer Platte anrichten.

Crêpe-Röllchen mit Lebercreme

1

2

3

Salbei-Crêpe-Röllchen mit Leber-Rum-Creme

Pikant-würzige Kleinigkeit, die schon leicht sättigt. Macht Chips, Salzsticks und Co. wirklich überflüssig. Die Röllchen lassen sich auch gut einfrieren.

Auf einen Blick

4 Portionen

Besonderes Gerät: Edelstahlpfanne mit Deckel (Crêpepfanne); Alufolie; Pürierstab (Mixer); Cocktailspießchen.

Dauert insgesamt: 45 Min.
Dabei zu tun: 45 Min.
Herd: 20 Min.

Dazu servieren: rohes Knabbergemüse von Staudensellerie über Möhrchen bis zu Apfelspalten.

Getränketip: Sweet Lime, Tropical Planter's Punch.

Pro Portion: 1100 kJ / 260 kcal

Einkaufen

Fleisch:
100 g Putenleber

Gemüse:
24 kleine Salbeiblättchen (weitere zum Garnieren)

Sonstiges:
1 Ei
30 g Mehl
4 EL süße Sahne
1 Schuß Mineralwasser
4 TL Butterschmalz
4 TL Korinthen
3 EL brauner Rum
1 Messerspitze getrocknete Orangenschale
1 TL + 30 g Butter
Salz, Pfeffer

Zubereiten

Das Ei mit 30 g Mehl verquirlen, 4 EL Sahne unterrühren und mit einem Schuß Mineralwasser aufschäumen, so daß der Teig dick vom Löffel läuft. Mit Salz und Pfeffer würzen.

Etwa 24 Salbeiblättchen waschen und gut trocknen.

Edelstahlpfanne: 1 TL Butterschmalz zerlassen.

1 Wenn es richtig heiß ist, eine Kelle Teig hineingießen, schnell die Pfanne schwenken, bis sich der Teig gleichmäßig verteilt hat, 6 Salbeiblätter und 1 TL Korinthen draufstreuen. Deckel auflegen, nach etwa 1 Min. die Crêpe wenden, Deckel wieder auflegen und noch 1 Min. backen.

Auf einen Teller legen, mit Alufolie bedecken und der Reihe nach noch 3 weitere Crêpes backen, auf den Teller legen.

1 TL Butter in der Pfanne zerlassen, 100 g Putenleber darin kräftig anbraten, 3 EL Rum angießen, mit Salz und Pfeffer würzen. Hitze zurücknehmen und etwa 8 Min. garziehen lassen, abkühlen.

Dann mit 1 Messerspitze Orangenschale würzen, 30 g Butter in kleinen Stückchen zugeben und alles mit dem Pürierstab fein zermusen.

2 Die Crêpes dünn mit der Lebercreme bestreichen.

3 Eng zusammenrollen und in 2 cm breite Stücke schneiden.

Anrichten

Jedes Röllchen mit 1 Blättchen Salbei garnieren und mit einem Spießchen zusammenhalten.

Ideen

- Statt Korinthen: Kürbis, süßsauer eingelegt, nehmen.
- Für Eilige: fertig gekaufte Leberpastete (mit Rum und Orangenschale würzen) als Farce nehmen.
- Sehr pikant mit fertiggewürztem Tatar (oder Hackepeter). Dann aber nicht einfrieren.
- Statt Putenleber: Hähnchenleber oder Kalbsleber. Auch Rinderleber ist geeignet, wenn sie vor der Zubereitung 1–2 Std. in Milch (Buttermilch) eingelegt, dann gut abgetrocknet und in Stücke geschnitten wird.
- Wenn Sie eine unbehandelte Orange zur Hand haben, können Sie natürlich auch ½ TL Schale abreiben.
- Wenn die Crêpes im Ganzen zusammengerollt und noch mit geriebenem Gruyère überbacken werden, haben Sie eine schicke Vorspeise.
- Frischer wird's, wenn Sie auf die ausgestrichene Farce zarte Kopfsalatblätter ohne Rippen legen. Der Zusammenhalt ist allerdings dann nicht ganz so innig.

Marinierte Rum-Ananas im Speckmantel

Süß-saure, würzige und äußerst saftige Kleinigkeit.

Schmeckt besonders karibisch und ist blitzschnell zuzubereiten. Wichtig: Immer heiß servieren, denn kalt schmeckt dieses Kanapee zu fett.

Die angegebene Menge ergibt etwa 20 Ananaspäckchen.

Auf einen Blick

4–6 Portionen

Besonderes Gerät: kleines spitzes Messer; runde Ausstechform (3 cm); Zahnstocher zum Fixieren; Alufolie fürs Blech.

Dauert insgesamt: 30 Min. (plus 2 Std. Marinierzeit)
Dabei zu tun: 30 Min.
Ofen: 15 Min.

Dazu servieren: Kartoffelchips oder Baguettescheiben.

Getränketip: Tropical Planter's Punch oder Bitter Melon .

Bei 6 Portionen pro Portion: 910 kJ/220 kcal

Einkaufen

Fleisch:
100 g Frühstücksspeck (10 dünne, lange Scheiben)

Obst:
1 kleine Ananas oder ½ große (ca. 700 g)

Sonstiges:
5 cl weißer Rum
3 EL Tomatenketchup
1 TL Öl

Zubereiten

Beide Enden der Ananas bis aufs Fruchtfleisch abschneiden.

1 Dann die Ananas auf eine Schnittfläche stellen und mit einem großen Messer die Schale gerade herunter schneiden.

2 Mit einem spitzen Küchenmesser zurückgebliebene Blütenansätze herausheben. Die Frucht in etwa 2 cm dicke Scheiben schneiden.

3 Mit einer runden Ausstechform den holzigen Strunk aus der Mitte stanzen. Dann jede Scheibe in 6 Stücke teilen.

20 Ananasstückchen in einer Schüssel mit 5 cl Rum übergießen, umwenden und mit Frischhaltefolie gut abdecken. Mindestens 2 Std. (eventuell auch über Nacht im Kühlschrank) marinieren.

► Danach den Backofen auf 240° anheizen.

4 Speckstreifen (10 Stück) in der Mitte quer halbieren. Mit etwa 2 EL Ketchup einpinseln, je ein Ananasstück darauflegen, Speck über der Ananas zusammenschlagen und mit einem Zahnstocher fixieren. Auch außen mit restlichem Ketchup bepinseln.

Ein Backblech mit Alufolie ausschlagen – glänzende Seite nach oben –, leicht mit 1 TL Öl fetten. Die Ananasstücke auf dem Blech verteilen.

► Das Blech in den Ofen schieben und die Ananaspäckchen etwa 15 Min. braten, bis sie knusprig-braun sind.

Anrichten

Die heißen Ananasstücke mit den Spießchen zum Anfassen auf einer Platte anrichten, ganz heiß servieren. Nach Belieben noch weiteren Ketchup zum Dippen dazu reichen.

Ideen

- Geht weitaus schneller und schmeckt fast genauso gut: Ananasstückchen aus der Dose.
- Wälzen Sie die Ananasstücke vorm Wickeln in Kokosraspeln, das schmeckt noch karibischer.
- Statt der Ananas können Sie auch anderes, zartes Obst in Speck verpacken und braten: Mango-, Pfirsichspalten, frische, entkernte Datteln oder

1

2

3

4

feste, nicht zu reife Pflaumen. Die Pflaumen könnte man (in der Kernhöhlung) mit fein gewürfelter Peperoni und geschälten Pistazien füllen.

- Ketchup: Besonders geeignet ist der scharfe »Hot-Ketchup«. Oder Sie geben dem normalen noch einige Tropfen Tabasco zu.

- Statt Frühstücksspeck mild geräucherten, durchwachsenen Bauchspeck hauchdünn aufschneiden lassen. Falls er recht salzig ist, sekundenlang in kochendem Wasser blanchieren.

- Zum Dippen Tomatenpüree (aus Dose oder Päckchen) mit Limettensaft, etwas geriebener -schale und einigen Spritzern Angostura Bitter, Salz und Pfeffer würzen. Noch Petersilienblättchen drüberstreuen.

2

Snacks

1

2

3
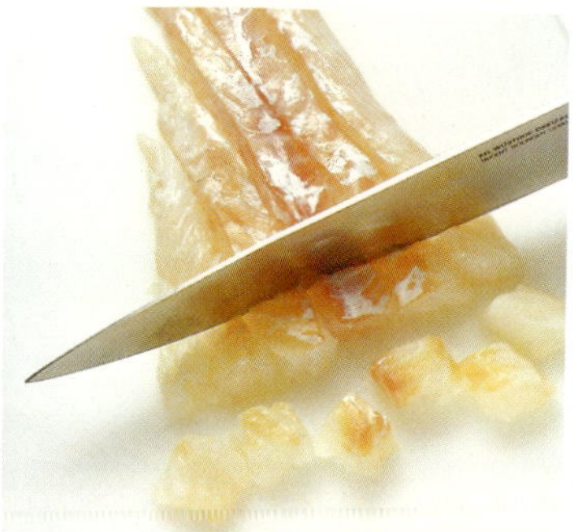

Marinierter roher Fisch auf Tomaten, Schalotten und Petersilie

Vorspeise.

Ein leichtes Gericht, das einen absolut einwandfreien, frischen Fisch erfordert. Wenn Sie keinen Seefisch finden, können Sie auch zu frischen Forellenfilets greifen.

Auf einen Blick

4 Portionen

Besonderes Gerät: Porzellanschüssel und Kunststoffbrett für den Fisch; Gurkenhobel; große flache Schale.

Dauert insgesamt: 1 Std. 30 Min. (plus 2–3 Std. Marinierzeit)
Dabei zu tun: 30 Min.
Herd: 10 Sek.

Dazu servieren: Baguettescheiben oder Vollkorntoast.

Getränketip: Papaya Bitter oder ein sehr herber Weißwein (Riesling, Muscadet, Verdicchio).

Pro Portion: 640 kJ/150 kcal

Einkaufen

Fisch:
300 g frisches Rotbarschfilet

Gemüse:
1 große Zitrone
1 Limette
300 g Fleischtomaten
100 g Schalotten
2 Bund glatte Petersilie

Sonstiges:
1 + 1 EL Olivenöl
Salz, schwarzer Pfeffer aus der Mühle, Cayennepfeffer

Zubereiten

1 Zitrone und 1 Limette auspressen. 2 EL Saft abnehmen.

1 Fischfilet (300 g) in eine Porzellanschüssel legen, leicht salzen und mit der Hauptmenge des Zitrussafts beträufeln. Mit Klarsichtfolie abdecken und im Kühlschrank 2 – 3 Std. marinieren.

300 g Tomaten mit kochendem Wasser 10 Sekunden überbrühen, abschrecken und pellen. Tomaten vierteln, entkernen und die Stielansätze herausschneiden. Innenflächen leicht salzen und 30 Min. abtropfen lassen. Mit Küchenkrepp trocknen, in Würfel schneiden.

2 Schalotten (100 g) schälen und in dünne Scheiben hobeln. Mit 2 EL Zitrussaft und 1 EL Olivenöl beträufeln.

Petersilie (2 Bund) waschen, große Blätter beiseite legen, die kleineren abzupfen und hacken.

3 Fischfilets aus der Marinade nehmen, abtropfen lassen und in Würfel schneiden.

Anrichten

Eine flache Schale mit 1 EL Olivenöl ausstreichen, mit Schalottenscheiben belegen. Rundherum aus den großen Petersilienblättern einen Kranz legen. Auf die Schalotten die Fischwürfel so aufhäufen, daß ein Zwiebelrand außen zu sehen bleibt. In ähnlicher Weise die Tomatenstückchen und zuletzt die gehackte Petersilie aufschichten. Alles üppig mit Pfeffer übermahlen und mit Cayenne bestreuen.

Etwa 30 Min. mit Folie abgedeckt im Kühlschrank ziehen lassen, dann zu Tisch geben.

Ideen

- Die Marinade mit weißem Rum statt Zitronensaft zubereiten – dann schmeckt sie milder.
- Grüne oder schwarze Oliven, zwischen die Tomaten gelegt, machen das Gericht pikanter.
- Marinieren Sie den Fisch süßsauer mit Zitrone und braunem Rohrzucker. Die Schalotten in diesem Fall durch Frühlingszwiebeln ersetzen und die Petersilie durch Dill, den Tomaten eventuell noch einige Ananasstückchen zugesellen.
- Diese Vorspeise ist sehr leicht und paßt deshalb auch zu üppigen Hauptgängen, die saucig-mild sein sollten wie zum Beispiel Schinkenbraten (Seite 40) oder das Schweineragout (Seite 45).
- Sie dürfen den Fisch auch in gebutterter Alufolie behutsam 10 Min. in siedendem Wasser pochieren. Das macht ihn zahmer, aber auch weniger saftig.
- Das Schalottenhobeln geht am schnellsten mit einer Handreibe (glatte Schneidtrommel). Die Scheiben gleich marinieren, sonst werden sie bitter.

1

2

3

Karibischer Salat

Salat von pochierten Kochbananen, Avocado und rohem Gemüse

Vorspeise.

Frisches, leichtes Gericht, das durch die Zusammenstellung von Vertrautem mit Exotischem seinen Reiz bekommt. Pfiffig: Die Bananen sollten noch warm sein.

Auf einen Blick

4 Portionen

Besonderes Gerät: Gemüsehobel; Juliennehobel (Messer); Salatschleuder (Sieb).

Dauert insgesamt: 40 Min.
Dabei zu tun: 40 Min.
Herd: 20 Min.

Dazu servieren: Baguettescheiben mit Kräuterbutter oder Schinkencroissants.

Getränketip: Papaya Bitter oder trockener Weißwein.

Pro Portion: 1600 kJ/ 380 kcal

Einkaufen

Gemüse:
2 feste Kochbananen (500 g)
2 Stangen Bleichsellerie
1 Fleischtomate
2 kleine Möhren
1 Zucchino
1 Zitrone
1 reife Avocado
1 Kopf Eichblattsalat
1 Knoblauchzehe

Sonstiges:
3 EL brauner Rum
2 TL scharfer Senf
4 EL Weißweinessig
8 EL Olivenöl extra vergine
Salz, Pfeffer

Zubereiten

1 Die 2 Kochbananen schälen. 6 EL Salzwasser mit 3 EL Rum und etwas Pfeffer aufkochen. Bananen hineinlegen, die Hitze reduzieren. 20 Min. leise köcheln, bis sie gar und goldgelb sind. Dabei ab und zu wenden.

2 Fäden von der Außenseite der 2 Selleriestangen abziehen, in Scheibchen schneiden.

Die Tomate 10 Sekunden überbrühen, abschrecken, die Haut abziehen. Kerne und Stielansatz entfernen, Fruchtfleisch hacken.

2 Möhren schälen und in feinste Juliennestreifen hobeln (oder mit dem Messer schneiden).

3 Den Zucchino längs in dünne Scheiben, diese in feine Streifen (Julienne) schneiden.

Die Zitrone auspressen.

4 Avocado halbieren, den Kern herausheben und die Hälften schälen. Quer in dünne Scheiben schneiden. Mit 1 EL Zitronensaft beträufeln, damit sie ihre schöne Farbe behalten.

Restlichen Zitronensaft über die Kochbananen träufeln. Im Sud etwas abkühlen lassen.

Blätter von 1 Eichblattsalat waschen, trockenschleudern.

Vinaigrette: 1 Knoblauchzehe fein hacken, mit 2 TL Senf, 4 EL Essig, Salz, Pfeffer und 8 EL Öl verrühren. Etwas vom Bananensud zugeben, mit Pfeffer und Salz abschmecken. Die Bananen in Scheiben schneiden.

Anrichten

Eine Platte mit den Salatblättern auslegen. Darauf die Gemüsesorten anrichten, in die Mitte die warmen Bananenscheiben legen. Mit Vinaigrette beträufeln.

4

Ideen

- Wenn Sie keine Kochbananen finden, könnten Sie normale, sehr feste Früchte nehmen. Die Scheiben in Rum marinieren und erst zum Schluß kurz in Öl braten.

- Mit anderen Gemüsesorten läßt sich der Charakter abwandeln: schärfer wird's mit Zwiebelringen, Paprikaschoten und eingelegten Peperoni. Süß-sauer wird die Platte mit Ananas, eingelegten Kürbisstücken und Mango.

- Amerikanisch abgewandelt wird dieses Gericht mit kroß gebratenen Speckstückchen, Krabben, Schinkenstreifen und Knoblauchcroutons. Dann haben Sie schon eine kleine Hauptmahlzeit.

Spareribs mit Black Beans

Marinierte, gebratene Spareribs mit Salat aus schwarzen Bohnen

Vorspeise oder kleine Zwischenmahlzeit.

Würzig-kräftige Zusammenstellung, die am besten zu einem Gartenfest paβt. Denn Spareribs iβt man aus der Hand!

Auf einen Blick

4 Portionen

Besonderes Gerät: Küchenpinsel; Gurkenhobel; groβes, stabiles Messer (zum Zerteilen der Spareribs); Alufolie.

Dauert insgesamt: 2 Std. 55 Min. (plus 8 Std. Einweichzeit)
Dabei zu tun: 30 Min.
Herd / Ofen: 30–40 Min./ 45 Min.

Dazu servieren: Baguette.

Getränketip: leichter Rotwein, Bier, Papaya Bitter.

Pro Portion: 2500 kJ/600 kcal

Einkaufen

Fleisch:
500 g frische Schweinerippen am Stück

Gemüse:
1 + 1 Knoblauchzehen
1 rote Zwiebel
1 grüne Peperoni
1 Radicchio
1 Zweig Thymian

Sonstiges:
150 g getrocknete schwarze Bohnen
4 EL Tomatenketchup
1 EL scharfer Senf
1 EL salzige Sojasauce
1 EL brauner Zucker
1 TL getrockneter Oregano
2 + 4 EL Olivenöl extra vergine
2 EL Sherryessig
1 EL brauner Rum
Salz, Pfeffer aus der Mühle

Zubereiten

Die schwarzen Bohnen (150 g) mit einem Thymianzweig in eine Schüssel geben, soviel Wasser zugieβen, daβ der Spiegel 5 cm über den Bohnen steht. Über Nacht einweichen.

Spareribs-Marinade: 4 EL Ketchup mit 1 EL Senf, 1 EL Sojasauce, 1 EL Zucker, 1 TL Oregano und 2 EL Öl verrühren. 1 Knoblauchzehe pellen und fein hacken, untermischen und mit Salz und Pfeffer kräftig würzen.

1 Rippen mit der Marinade von beiden Seiten bepinseln und 2 Std. ziehen lassen.

Inzwischen die Bohnen in ihrem Einweichwasser 30 – 40 Min. kochen bis sie gar sind. Probieren Sie zwischendurch ein Böhnchen, um den Garpunkt nicht zu verpassen. Danach salzen.

Die rote Zwiebel und die zweite Knoblauchzehe schälen, Zwiebel in dünne Ringe hobeln, Knoblauch fein würfeln und mit 2 EL Garflüssigkeit, 2 EL Essig, 1 EL Rum und 4 EL Öl verrühren, pfeffern und salzen.

► Backofen auf 190° vorheizen.

2 Peperoni von Zwischenwänden, Stiel und Kernen befreien, in kleine Würfel schneiden, zu der Zwiebelsauce geben. Die Bohnen abgieβen, abtropfen und in dieser Sauce abkühlen lassen.

Die Fettpfanne des Backofens mit etwas Wasser füllen, auf die mittlere Schiene schieben. Auf dem Rost darüber die Rippen in den Ofen schieben.

1

2

3
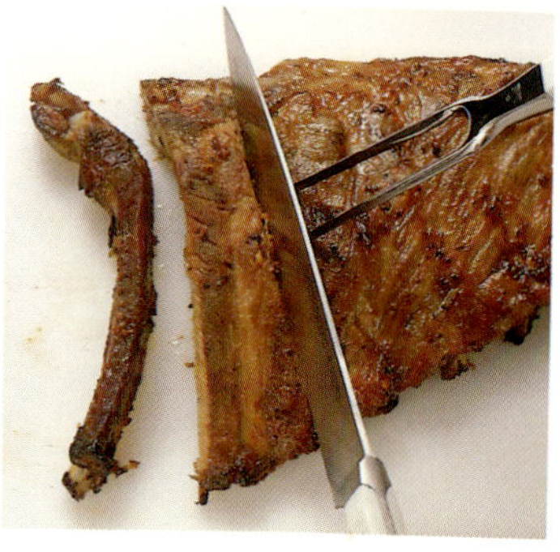

▶ 45 Min. braten (Umluft: 160°), dabei alle 15 Min. wenden.

Anrichten

Den Salat auf einem Radicchioblatt auf jedem Teller anrichten.

3 Die Spareribs zwischen den einzelnen Knochen teilen, mit kleinen Manschetten aus Alufolie zum Anfassen umwickeln und auf einer Platte extra reichen.

Ideen

● Spareribs, aus dem flachen Rippenstück des Schweins, können im Ofen gegart oder in der Pfanne gebraten werden. Am besten schmecken sie natürlich vom Holzkohlengrill. Aber Sie können sie auch im Elektrogrill zubereiten: 10–15 Min. bei nicht zu starker Hitze von jeder Seite grillen, bis die Ribs brutzelbraun sind!

● Vergessen Sie nicht, beim Braten im Ofen etwas Wasser in die Fettpfanne zu gießen. So bleiben die Rippen saftig und herabtropfendes Fett verbrennt nicht.

● Mexikanische Chilipaste zum Marinieren: 2–4 große Chilis (Peperoni) aufschlitzen, entkernen und würfeln. Im Mörser oder Mixer mit ¼ TL Kreuzkümmel, zerriebenem Thymian und Oregano, 1–2 gehackten Knoblauchzehen, Salz und schwarzem Pfeffer zermusen. Dazu 5 EL Weißweinessig und 3 EL Olivenöl rühren. Rippen damit einstreichen, in Frischhaltefolie verpacken und über Nacht im Kühlschrank marinieren. Zunächst bei mäßiger Hitze langsam braten, erst in den letzten 10 Min. bei 220°, damit sich eine schöne Kruste bildet.

● Noch eine puertoricanische Marinade: ¼ l Orangensaft mit 1 TL geriebener Orangenschale (von einer unbehandelten Frucht), 1 durchgepreßten Knoblauchzehe, Salz, Cayennepfeffer und Oregano verrühren.

● Eine Barbecue-Sauce dazu: 1 gewürfelte Zwiebel in Öl andünsten, 500 g Tomatenpüree dazu, mit Salz, Essig, Tabasco, Majoran, Prise Zucker würzen. 10 Min. köcheln. Heiß oder kalt zu den Spareribs reichen.

● Besonders raffiniert: ein Salat aus gekeimten Bohnen. Sie müssen dazu die Bohnen bereits 5 Tage zuvor einweichen. Nach 8–12 Std. das Wasser abgießen und die Bohnen täglich 1–2mal mit Wasser abbrausen. Nach 4 Tagen können Sie »ernten«. Die gekeimten Bohnen kommen dann mit 15 Min. Garzeit aus.

● Wenn Ihnen ein Candlelight-Dinner vorschwebt, verzichten Sie auf die rustikale Rippe. Braten Sie statt dessen marinierte Schweinefiletsteaks in Olivenöl in der Pfanne (pro Seite etwa 3 Min. braten, kurz nachziehen lassen).

Scharfe Fleischklößchen in saurem Paprikagemüse

Vorspeise oder kleine Zwischenmahlzeit.

Ein richtiger Appetitanreger ist dieses Gericht. Auf der einen Seite scharf-würzig, auf der anderen säuerlich-frisch. Mit Reis wird sogar ein kleines Hauptgericht daraus.

Auf einen Blick

4 Portionen

Besonderes Gerät: Zitronenpresse; Küchenkrepp zum Entfetten.

Dauert insgesamt: 45 Min.
Dabei zu tun: 30 Min.
Herd: 25 Min.

Dazu servieren: Baguettescheiben, Sonnenblumenbrötchen oder Reis.

Getränketip: Mineralwasser, Papaya Bitter, Ananas-Granat, Bier oder ein leichter, fruchtiger Rotwein (Blauer Portugieser).

Pro Portion: 1500 kJ/360 kcal

Einkaufen

Fleisch:
200 g Schweinehackfleisch

Gemüse:
500 g gelbe Paprikaschoten
1 große Zwiebel
2 grüne Peperoni
1 Knoblauchzehe
1 Zitrone

Sonstiges:
2 + 3 EL Olivenöl
2 TL scharfes Paprikapulver
2 + 2 TL mildes Paprikapulver
2 EL Tomatenketchup
1 TL scharfer Senf
1 Eigelb
1–2 EL geriebene Mandeln
Salz
Pfeffer

Zubereiten

1 Gelbe Paprikaschoten (500 g) waschen, Stiele, Kerne und Zwischenwände entfernen. 1 Zwiebel abziehen, beides klein würfeln.

Kleine Kasserolle: 2 EL Öl erhitzen, Gemüsewürfel anbraten, salzen und pfeffern. Bei kleiner Hitze 20 Min. schmoren.

In der Zwischenzeit 200 g Hackfleisch mit 2 TL scharfem und 2 TL mildem Paprikapulver, 2 EL Ketchup, 1 TL Senf, Pfeffer, Salz und 1 Eigelb verkneten.

2 Beide Peperoni entkernen. 1 Knoblauchzehe abziehen, beides hacken, unterarbeiten. Masse mit 1 – 2 EL geriebenen Mandeln binden, bis sie formbar ist.

Die Zitrone auspressen, den Saft unter die Paprikasauce rühren, abschmecken und kühlen.

3 Aus dem Hackteig etwa 20 kleine Bällchen formen, in 2 TL mildem Paprikapulver wälzen.

Pfanne: 3 EL Öl mäßig erhitzen und die Bällchen rundum 4 Min. braten (Vorsicht: Wenn das Öl zu heiß ist, verbrennt das Paprikapulver). Auf Küchenkrepp abtropfen lassen.

Anrichten

Das Gemüse leicht mit Paprikapulver überpudern. Die Bällchen heiß daneben anrichten.

Ideen

- Mit Tomatenpaprika statt Peperoni wird das Gemüse milder, mit grünen Schoten herber.
- Das Paprikagemüse schon am Vortag zubereiten, kühl stellen.

1

2

3

1

2

Gebackene Bataten im Tontopf mit Basilikum-Avocadocreme

Vorspeise oder kleine Zwischenmahlzeit.

Einfach-ländliche und doch raffinierte Mahlzeit, die keiner Ergänzung bedarf. Bataten sind Süßkartoffeln und haben ähnliche Garzeiten wie Kartoffeln.

Auf einen Blick

4 Portionen

Besonderes Gerät: Tontopf (für Kartoffeln); Blitzhacker (Pürierstab, Mixer); Handmixer (Schneebesen).

Dauert insgesamt: 1 Std. 5 Min.
Dabei zu tun: 20 Min.
Ofen: 45 Min.

Dazu servieren: eventuell einen kleinen grünen Salat.

Getränketip: Ananas-Granat, Mineralwasser, trockener weißer Landwein (Gutedel, Müller-Thurgau).

Pro Portion: 1600 kJ/380 kcal

Einkaufen

Gemüse:
500 g Bataten (oder vorwiegend festkochende Kartoffeln)
1 reife Avocado
1 Limette
2 Bund Basilikum (davon 1 Bund zum Garnieren)

Sonstiges:
1/8 l süße Sahne
2 EL grobes Meersalz
Salz
schwarzer Pfeffer aus der Mühle

Zubereiten

Den Tontopf nach Vorschrift wässern.

Bataten (500 g) unter fließendem Wasser mit einer Bürste gründlich reinigen.

1 Mit 2 EL grobem Salz in den Tontopf schichten.

▶ Den Topf auf der unteren Schiene in den Backofen schieben. Jetzt den Regler auf 240° schalten. Etwa 45 Min. garen.

10 Min. vor Ende der Garzeit mit einem spitzen Messer prüfen, ob die Bataten bereits gar sind.

2 Dann 1 Avocado längs halbieren, Stein mit der Messerspitze anstechen und herausheben. Das Fruchtfleisch herauslöffeln, 1 Limette auspressen und über das Avocadofleisch träufeln, mit dem Blitzhacker fein pürieren.

Basilikumblätter von 1 Bund waschen, trockentupfen und mit einer Schere in feinste Streifen schneiden.

1/8 l Sahne mit dem Handrührer steif schlagen. Basilikum, Sahne, Salz und Pfeffer unter die Avocadocreme ziehen, abschmecken.

Anrichten

Bataten pellen, längs vierteln und auf Portionstellern sternförmig anrichten, in die Mitte einen Löffel Schaum setzen, mit Basilikum garnieren.

Oder die Bataten auf einem Salzbett anrichten und den Avocadoschaum in einer flachen Schüssel reichen, bestreut mit weiteren Basilikumblättern.

Ideen

- Besonders gut und ursprünglich: die Bataten oder Kartoffeln tropfnaß salzen und einzeln in Alufolie wickeln. In roter Holzkohlenglut 15 – 20 Min. garen, dabei gelegentlich umdrehen.
- Als Salat anrichten: Dazu die Bataten abkühlen lassen, pellen, in Scheiben schneiden und mit der Creme übergießen.
- Ergibt in doppelter Menge auch ein tolles, preiswertes Hauptgericht. Eignet sich so auch als Sattmacher für eine edel-rustikale Party.
- Streuen Sie über die Bataten noch 2 TL getrockneten Thymian: das ergibt beim Backen eine besondere Würze.
- Einen ganz anderen, scharfen Charakter bekommt die Sauce, wenn Sie statt Basilikum gehackte Schalotten, Knoblauch und gewürfelte grüne Peperoni zugeben und die Sahne durch eine weitere Avocado ersetzen.
- Paßt auch gut: eine Sauce aus Crème fraîche, mit der halben Menge Joghurt (10%) und gehackten Kräutern verrührt. Mit Salz, Cayennepfeffer und Limettensaft gewürzt.

Krabben-Gratin in Kokosnuß

Gratiniertes Meeresfrüchteragout in Kokosnußhälften

Leichte, raffinierte Zwischenmahlzeit.

Schon optisch ausgesprochen effektvoll wirkt dieser Auflauf, der portionsgerecht in Kokosnußschalen serviert wird.

Auf einen Blick

4 Portionen

Besonderes Gerät: kleine Metallsäge; Grapefruitmesser; Blitzhacker; Pürierstab (Passiersieb); Alufolie.

Dauert insgesamt: 1 Std.
Dabei zu tun: 35 Min.
Herd/Ofen: 30 / 10 Min.

Dazu servieren: Baguettescheiben mit Aïoli (siehe »Ideen«) oder Knoblauchbutter.

Getränketip: bei Bedarf leichter, trockener Weißwein, Mineralwasser.

Pro Portion: 2800 kJ/670 kcal

Einkaufen

Fisch:
200 g frische Krabben

Gemüse:
2 frische Kokosnüsse
1 Zwiebel
1 Knoblauchzehe
3 grüne Peperoni
1 Limette

Sonstiges:
1 Würfel Krebsbrühe
1 Lorbeerblatt
3 Pimentkörner
2 EL Olivenöl
Salz, Pfeffer

Zubereiten

1 Die Kokosnüsse in der Mitte quer mit der Säge durchsägen. Dabei eventuell vorhandene Milch auffangen.

2 Mit Hilfe eines Grapefruitmessers das Fruchtfleisch herausheben.

3 Mit einem Sparschäler die braune Haut entfernen. Nußfleisch kurz waschen.

4 Etwa ¼ der Menge im Blitzhacker portionsweise ziemlich fein pürieren (wie Kokosraspel).

1 Zwiebel und 1 Knoblauchzehe hacken. Mittlerer Topf: Die Hälfte der Kokosraspel mit ¼ l Wasser, 1 Lorbeerblatt, 3 Pimentkörnern, wenig Salz, Pfeffer, Zwiebel, Knoblauch und dem Krebsbrühwürfel zum Kochen bringen und bei schwacher Hitze 30 Min. simmern lassen. Dann das Lorbeerblatt herausfischen, Brühe mit dem Pürierstab sämig mixen.

▶ Ofen auf 220° (Gas Stufe 4) vorheizen.

3 Peperoni von Stielen befreien, waschen, in Ringe schneiden und die Samenkerne entfernen.

5 Aus Alufolie 4 Ringe formen, auf denen die Kokosnußhälften sicher stehen können.

6 Nußhälften auf die Ringe setzen, auf ein Backblech stellen. 200 g Krabben und Peperoni in die Nußhälften verteilen.

Die Limette auspressen, Saft über die Krabben träufeln. Nun die Kokoscreme drüberschöpfen, mit den restlichen Kokosraspeln bestreuen und mit 2 EL Olivenöl beträufeln.

▶ Bei 220° (Gas: Stufe 4; Umluft: 200°) im Ofen etwa 10 Min. goldbraun überbacken.

Anrichten

Mit den Aluringen auf Teller setzen, heiß servieren.

Ideen

- Restliches Kokosnußfleisch zum Knabbern reichen. Oder feucht in einem Plastikbeutel im Kühlschrank aufbewahren. Bleibt so etwa 3 Tage frisch.
- Statt Krabben: Fischfilet, in schmale Streifen geschnitten; Hähnchenbrustfilets; Würfel von gekochtem Schinken.
- Sie können statt Kokosnußhälften auch feuerfeste Suppentassen zum Gratinieren nehmen. Dann genügt eine Kokosnuß oder 100 g fertige Kokosraspel (vorher einweichen).
- **Aïoli** (provenzalische Knoblauchpaste): 2 – 3 frische Knoblauchzehen würfeln und mit etwas grobem Salz im Mörser zerstoßen. 1 Scheibe Toastbrot entrinden, in Wasser einweichen und fest ausdrücken. Mit 1 Eigelb und Knoblauch vermischen und glattrühren. Nach und nach ⅛ l kaltgepreßtes Olivenöl einschlagen. Mit Zitronensaft und weißem Pfeffer würzen.

1

2

3

4

5

6

Rum – Carpaccio

Hauchdünnes rohes Rindfleisch in Rum-Marinade

Elegante Vorspeise.

Carpaccio ist ursprünglich ein italienisches Gericht: Rindfleisch wird hauchdünn geschnitten und mit einer aromatischen Marinade beträufelt. »Karibisch« wird dieses Rezept durch die spezielle Würze.

Auf einen Blick

4 Portionen

Besonderes Gerät: elektrisches Messer oder Schneidemaschine; Fleischklopfer.

Dauert insgesamt: 20 Min. (plus 2 Std. Kühl- und Marinierzeit)
Dabei zu tun: 20 Min.

Dazu servieren: Baguettescheiben oder Roggenbrötchen; Oliven oder eingelegte Artischockenherzen.

Getränketip: trockener Weißwein oder Rosé (Weißherbst).

Pro Portion: 660 kJ/160 kcal

Einkaufen

Fleisch:
300 g Rinderfilet (etwa 10 cm breites Stück)

Gemüse:
1 frische rote Peperoni
1 kleines Bund Schnittlauch
½ Zitrone (1 EL Saft)

Sonstiges:
½ TL brauner Rohrzucker
2 EL Ananassaft
4 EL brauner Rum
1 Spritzer Tabasco
1 TL Angostura Bitter
4 EL Maiskeimöl
gemahlener Piment, Salz

Zubereiten

Rinderfilet (300 g) in einen Gefrierbeutel packen, 60 Min. ins Vorfrierfach legen, bis es nicht gänzlich gefroren, sondern lediglich eine festere Struktur hat. Nach 30 Min. umdrehen.

Dann mit der Maschine oder dem Elektromesser in 2 – 3 mm dünne Scheiben schneiden.

1 Mit der flachen Seite des Fleischklopfers (unter starker Klarsichtfolie) noch dünner klopfen, so daß man fast durch die Scheiben hindurch sehen kann.

1 Peperoni von Zwischenwänden, Stiel und Kernen befreien, in feine Würfel, 1 Bund Schnittlauch in dünne Röllchen schneiden.

Marinade: ½ TL Zucker in 2 EL Ananassaft auflösen, 4 EL Rum, 1 Spritzer Tabasco, 1 TL Angostura und 1 EL Zitronensaft zugeben, zuletzt 4 EL Öl drunterquirlen. Mit Piment und Salz würzen.

Jede Fleischscheibe in dieser Marinade wenden und in eine Schüssel schichten, mit der restlichen Marinade begießen, mit Folie gut abdecken und im Kühlschrank 1 Std. ziehen lassen.

Anrichten

Die Fleischscheiben fächerförmig auf vier großen, flachen Tellern anrichten. Mit Schnittlauch und Peperoni bestreuen, zurückgebliebene Marinade drüberträufeln.

Ideen

- Die fruchtige Komponente wird stärker, wenn Sie der Marinade noch 1 EL fein gehacktes Ananasfleisch spendieren.

1

- Massiver im Biß: Etwas Ananas mit Blitzhacker pürieren, auf die Fleischscheiben streichen und zu Mini-Rouladen rollen.
- Folgt ein süß-saurer Gang, das Carpaccio pikant zubereiten mit Sherryessig statt Ananassaft und 1 TL Kapern.
- Für eine größere Gesellschaft bietet sich eine andere Variante an: Lassen Sie sich das dünnere Ende des Filets geben, marinieren Sie das Stück im Ganzen (dabei darf kräftiger gewürzt werden) und schneiden Sie es dann auf. Die Scheiben werden nicht ganz so dünn wie beim angefrorenen Stück, schmecken aber köstlich.
- Carpaccio als Zwischengang mit einem kleinen Salat reichen.

Maiskolben mit Vinaigrette

1

2

Geröstete Maiskolben mit scharfer Kräuter-Vinaigrette

Vorspeise oder kleine Zwischenmahlzeit.

Milder Maisgeschmack und eine scharf-säuerliche Sauce bilden einen reizvollen Kontrast. Wieder etwas zum Knabbern. Aber: Für ganz feine Gäste dürfen Sie die Körner zuvor abtrennen. Oder Sie benutzen die kleinen Maiskolbenhalter als »Griffe«.

Auf einen Blick

4 Portionen

Besonderes Gerät: Blitzhacker (Pürierstab); große (gußeiserne) Pfanne; Maiskolbenhalter.

Dauert insgesamt: 30 Min.
Dabei zu tun: 25 Min.
Herd: 15 Min.

Dazu servieren: Baguettescheiben oder Knoblauchcroutons.

Getränketip: trockener Weißwein (Riesling, Vin de sable), Ananas-Granat.

Pro Portion: 1700 kJ/400 kcal

Einkaufen

Gemüse:
4 Maiskolben
1 Frühlingszwiebel
2 grüne Peperoni
1 Bund Schnittlauch
1 Bund glatte Petersilie

Sonstiges:
10 grüne, mit Mandeln gefüllte Oliven
3 EL Molke (natur)
3 EL Zitronensaft
4 EL Olivenöl extra vergine
40 g Butterschmalz
Salz, Pfeffer

Zubereiten

1 Bund Schnittlauch waschen, in Röllchen schneiden.

Frühlingszwiebel von Außenblatt und Wurzel befreien, waschen, in feine Scheiben schneiden.

Beide Peperoni von Stiel, Trennwänden und Kernen befreien, fein würfeln.

Die Petersilie (1 Bund) waschen, die Blättchen abzupfen und mit 10 Oliven im Blitzhacker fein pürieren.

3 EL Molke und 3 EL Zitronensaft dazugeben. Peperoniwürfel, Frühlingszwiebel und Schnittlauch unterziehen, salzen und pfeffern, mit 4 EL Öl vermischen und etwa 15 Min. ziehen lassen.

1 Die 4 Maiskolben von den Hüllblättern befreien, mit Salz einreiben.

Große gußeiserne Pfanne: 40 g Butterschmalz erhitzen und die Kolben unter ständigem Wenden bei mittlerer Hitze rundum goldgelb braten.

Herausheben, kurz auf Küchenkrepp abtropfen lassen.

Anrichten

In die heißen Kolben an beiden Enden die Maiskolbenhalter stecken, auf große Teller legen und die Vinaigrette über die Mitte schöpfen.

2 Oder die Kolben senkrecht auf ein Brett stellen, mit einem großen, scharfen Messer seitlich die Kerne aus den Kolben schneiden und auf Tellern anrichten.

Ideen

- Wenn es nur Körner »solo« gibt, können Sie sie in einer ausgehöhlten Fleischtomate hübsch anrichten. Das harmoniert in Farbe und Geschmack.
- Toll schmecken natürlich die Maiskolben vom Grill: eine gute Ergänzung zu den Spareribs, wenn Sie ein Gartenfest feiern.
- Umwickeln Sie die Kolben mit Frühstücksspeck und braten sie bei 240° 20 Min. im Ofen. Zum Essen den Speck entfernen!
- Als Vorspeise macht sich dieser vegetarische Gang besonders gut. Reichen Sie ihn vor Rum-Huhn, Schinken, Haifisch oder Hühnerfrikassee.
- Nehmen Sie nur den zarten Zuckermais für dieses Gericht, sonst bleiben die Körner beim Braten hart. Ein brauchbarer Ersatz für frische Kolben sind in Dosen eingelegte. Sie müssen vor dem Braten mit Küchenkrepp getrocknet werden, damit das heiße Fett in der Pfanne nicht spritzt.
- Bratpfanne mit einer halben Knoblauchzehe ausreiben – gibt dem Butterschmalz ein zartes Knofelaroma.

Schweppes
IMPÉRIAL BLANC
RHUM AGRICOLE
SAINT JAMES
LE RHUM AUSSI A SON GRAND NOM
70 cl
40% vol.
S.PELLEGRINO
MILANO - ITALIEN

Das Aroma tropischer Früchte ist so üppig, daß auch mit wenig Alkohol aufregende Getränke gemixt werden können. Gerade an heißen Tagen sind alkoholarme Drinks eine willkommene Erfrischung. Als gefrorene Granités oder Bowlen können sie zum bekömmlichen Zwischengang werden.

Auf einen Blick

4 Portionen

Besonderes Gerät: Eismühle; Schneebesen; Blitzhacker; Mulltuch (zum Auspressen der Kokosraspel); Shaker; Mixer; Kugelausstecher.

Wird immer gebraucht: Eiswürfel; Limetten oder Zitronen; exotische Früchte zum Garnieren.

Ananas-Granat

Ein sehr frischer Drink, durch Eisstückchen fast ein Granité.

1 Granadilla
1 kleines Ei (nur Eiweiß)
1 EL Puderzucker
8 cl Grenadinesirup
Ananassaft

Ein Ei trennen. Eiweiß mit 1 EL Puderzucker locker aufschlagen.

1 12 Eiswürfel durch die Mühle drehen, auf 4 Schalen verteilen.

Granadilla aufschneiden, Fruchtfleisch unters Eis mischen.

In jedes Glas 2 cl Grenadine gießen, mit Ananassaft auffüllen. Den Eischaum drübergeben.

Mit Strohhalm und eventuell einem Ananasspieß servieren.

Coco-Cream

Süß-sättigender Drink.

1 Kokosnuß
Batida de Coco
Kondensmilch (12 %)
Tropennektar (gekühlt)

Kokosnuß: Zwei »Augen« aufbohren, Kokosmilch abgießen. Nuß mit einem Hammer zerschlagen. Fruchtfleisch herausheben.

2 Kokoslocken (4) zur Dekoration schneiden, beiseite legen.

Übrige Nußstücke im Blitzhacker portionsweise pürieren. Die doppelte Menge Wasser zum Kochen bringen.

3 Kokosmus zugeben, kurz aufkochen, 1 Std. ziehen lassen.

4 Durch ein Sieb mit Tuch gießen, Milch auspressen.

300 ml Kokosmilch abmessen, im Shaker portionsweise mit je 2 cl Batida und 2 cl Kondensmilch auf Eis schütteln, in 4 Gläser gießen. Tropennektar aufgießen.

Jedes Glas mit einer Kokoslocke dekorieren, Strohhalm dazu.

Spiced iced Tea

Ein typisches Tropengetränk: anregend, frisch und würzig.

1 + 1 Limette
3 TL Orange Pekoe Tee
Ginger Ale
5 EL Rohrzucker, 1 Nelke,
2 Pimentkörner, 1 kleine Zimtstange

Schale von 1 Limette abreiben. ½ l Wasser mit der Limettenschale, den Gewürzen und 5 EL Zucker aufkochen. 3 TL Tee damit aufbrühen. Nach 3 Min. absieben, gut kühlen.

Die Limette ohne Schale auspressen, Saft zum Tee geben. Die zweite Limette in Scheiben schneiden.

Eiswürfel und Limettenscheiben in 4 hohe Gläser verteilen, mit Ginger Ale aufgießen.

Sehr schick: Orchideenblüte als Dekoration aufs Glas stecken.

1

2
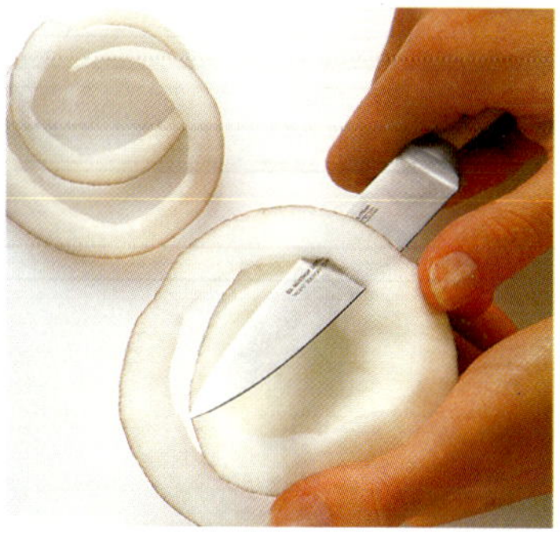

3

Melonen-Granité

Als frisches Granité kommt die Melone bestens zur Geltung.

1 kleine Honigmelone
Curaçao Blue (ohne Alkohol)
Angostura Bitter
2 EL Vanillezucker
4 frische Basilikumstengel

Fruchtfleisch der Melone pürieren. Mit 1 TL Angostura und 2 EL Vanillezucker abschmecken.

Flache Schüssel (2 Eiswürfelschalen ohne Einsatz) mit Püree füllen, einfrieren (etwa 6 Std.).

5 Eis aus der Schüssel schaben und in 4 Schalen füllen. Je 2 cl Curaçao Blue drüberträufeln.

Jedes Glas mit Basilikum garnieren. Mit Löffel servieren.

Papaya Bitter

Eine bowlenartige Zubereitung mit marinierten Papayakugeln.

1 reife Papaya
1 Limette
Je 1 Spalte Charentais- und Honigmelone
Orange-Bitter-Likör
Bitter Lemon

Papaya längs halbieren, die Kerne rauslöffeln.

6 Mit Kugelausstecher Fruchtfleisch ausbohren, eventuell in unterschiedlichen Größen.

Limettenschale abreiben, Saft auspressen. Beides mit 4 TL Orange Bitter über die Kugeln geben. 1 Std. ziehen lassen.

Aus Melonenspalten Kugeln ausstechen, mit einigen Papayakugeln auf 4 Spieße stecken.

Eiswürfel und übrige Papayakugeln in 4 Gläser schichten, mit Bitter Lemon aufgießen.

Spieße in die Gläser stellen, dazu Strohhalme reichen.

Ideen

Zu Ananas-Granat:
- Eis aus Ananassaft durch die Mühle drehen. Cidre aufgießen.
- Bunt: mit alkoholfreiem Curaçao Blue und Orangenspalten.

Zu Coco-Cream:
- Alkoholfrei: Zuckerrohrsirup (Bioladen, Reformhaus) oder Ahornsirup statt Batida nehmen.

Zu Spiced iced Tea:
- Aromatisierte Teesorten verändern das Geschmacksbild völlig. Interessante Sorten: Rumtee, Maracuja-, Limettentee.
- Wenn's ein Schuß Alkohol sein darf: brauner Rum macht sich besonders gut.

Zu Melonen-Granité:
- Granité aus Limettensaft mit etwas Zucker zubereiten.
- Das Granité können Sie auch mit Sekt aufgießen.

Zu Papaya Bitter:
- Eine alkoholische Version: Papaya in 8 cl Pomeranzenlikör marinieren, mit Sekt und Soda auffüllen.
- Gut mit Ananas oder Mango.

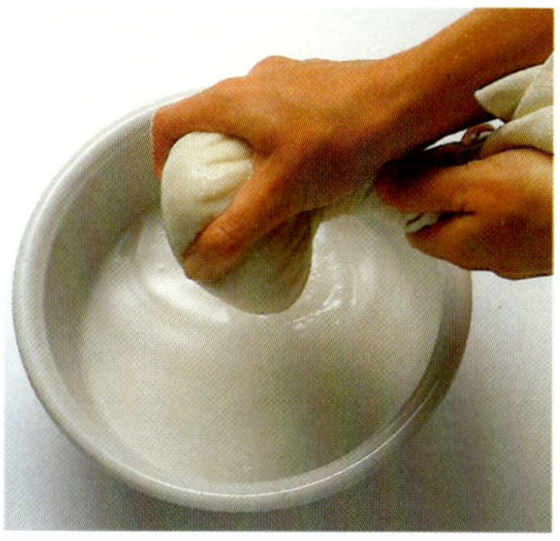

4

5

6

Bunte Frittata

1

2

3

Omelette mit Okra, Gemüse und Pilzen vom Blech

Ein leichtes, schnelles und dekoratives Hauptgericht.

Normalerweise wird Frittata in der Pfanne zubereitet. Werden aber Ofen und Blech vorgeheizt, geht's auf diese Weise viel schneller und genausogut. Für 10 – 12 Gäste eine tolle Vorspeise, da auch lauwarm gut.

Auf einen Blick

4 Portionen

Besonderes Gerät: beschichtetes Backblech mit hohem Rundumrand (oder Alufolie zum Ausschlagen).

Dauert insgesamt: 55 Min.
Dabei zu tun: 45 Min.
Herd / Ofen: 15 / 20 Min.

Dazu servieren: weißes italienisches Bauernbrot und Kräuterbutter.

Getränketip: trockener, ländlicher Weißwein.

Pro Portion: 3500 kJ/830 kcal

Einkaufen

Fleisch:
100 g Frühstücksspeck in dünnen Scheiben

Gemüse:
16 kleine Okraschoten (oder Zucchini)
3 Zuckermaiskolben (oder 1 kleine Dose Mais)
200 g kleine Champignons
1 Bund Frühlingszwiebeln
3 frische rote Peperoni

Sonstiges:
2 – 3 EL Pflanzenöl
8 Eier
250 g Speisequark (20% Fett)
20 g Maismehl
1 Schuß Sekt (oder Mineralwasser)
1 Lorbeerblatt
2 EL Sesamsamen
Salz, Pfeffer

Zubereiten

► Backofen auf 260° anheizen.

Wenn Sie kein beschichtetes Backblech haben, ein normales dicht mit Alufolie ausschlagen, mit 2–3 EL Öl bepinseln.

Aus 8 Eiern, 250 g Quark, 20 g Maismehl, Salz und Pfeffer einen dicken Eierkuchenteig rühren.

Mittlerer Topf: 1 l Salzwasser mit 1 Lorbeerblatt aufsetzen.

Inzwischen 16 Okras waschen, die borstige Oberfläche abkratzen und den Stiel knapp oberhalb des Ansatzes abschneiden. 3 Maiskolben entblättern.

Mais und Okras im Wasser etwa 15 Min. vorkochen, abtropfen.

1 Maiskörner von den Kolben schneiden.

2 Champignons (200 g) putzen, waschen, größere halbieren. 1 Bund Frühlingszwiebeln putzen und in feine Ringe schneiden. 3 Peperoni in dünne Scheibchen schneiden, dabei Stiele, Kerne und Zwischenwände entfernen.

100 g Frühstücksspeck auf dem Blech verteilen, im heißen Ofen 10 Min. vorbraten. Den Speck herausnehmen und das ausgebrutzelte Fett auf dem Blech verteilen.

Eierteig mit einem Schuß Sekt aufschäumen.

3 Auf das heiße Blech gießen, Okras, Maiskörner, Pilze, Peperoni und Zwiebelringe drauf verteilen, mit Speck belegen und mit 2 EL Sesam bestreuen.

► Sofort in die oberste Schiene des heißen Ofens schieben und 10 Min. backen.

Anrichten

Ein großes Tablett mit Alufolie ausschlagen, Frittata in Rauten schneiden und darauf anordnen.

Oder: Stücke auf großen Tellern anrichten, eventuell mit Salat und Kirschtomaten garnieren.

Ideen

- Der Belag ist vielseitig abzuwandeln: Tomaten, blanchierter Spinat, gekochte Kartoffeln oder Möhren, Kürbis oder Gurkenscheiben eignen sich gut.
- Nach dem Backen mit fein geriebenem Hartkäse bestreuen – er verläuft nur ganz zart durch die Restwärme.
- Zur Rolle umfunktionieren: Nur mit klein geschnittenem Gemüse belegen, backen und gleich mit fertigem Pesto bestreichen, Käse drüberstreuen, eng zusammenrollen und kurz ruhen lassen.
- Als Vorspeise witzig: Mini-Frittatas backen und lauwarm auf Teller verteilen.

1

2

3

4

Mais-Okrapudding in warmer Avocadosauce

Füllige, weiche Hauptspeise ganz ohne Fleisch und Fisch.

Ursprünglich ein »Arme-Leute-Essen«, das durch die einfachen Zutaten wirkt. Schmeckt besonders nach eiweißreichen Vorspeisen (Carpaccio oder Cevice).

Auf einen Blick

4 Portionen

Besonderes Gerät: Savarinform (Reisrandform).

Dauert insgesamt: 1 Std.
Dabei zu tun: 1 Std.
Herd: 25 Min.

Dazu servieren: eventuell einen kleinen grünen Salat.

Getränketip: trockener, etwas schwerer Rotwein.

Pro Portion: 2900 kJ/690 kcal

Einkaufen

Gemüse:
10 kleine Okraschoten
2 dünne Frühlingszwiebeln
12 + 8 Kirschtomaten
2 Knoblauchzehen
1 Limette
1 Avocado

Sonstiges:
½ l Gemüsebrühe
200 g Maisgrieß
150 g Crème fraîche
20 + 40 g Butter
1 Messerspitze Safranpulver
Salz, Pfeffer

Zubereiten

Die 10 Okraschoten waschen, die feinen Härchen auf der Schale und die Stiele entfernen.

1 Schoten in etwa ½ cm dicke Scheiben schneiden.

½ l Gemüsebrühe zum Kochen bringen, Okras bei kleiner Hitze 10 Min. garen.

Inzwischen 2 Frühlingszwiebeln in dünne Ringe schneiden. 12 Tomaten 10 Sekunden überbrühen, häuten. 2 Knoblauchzehen schälen und fein hacken.

Nun 200 g Maisgrieß, Zwiebelringe, Knoblauch, Pfeffer und 150 g Crème fraîche zu den Okras geben.

2 Safran in 2 EL heißem Wasser auflösen, zugeben. Maisbrei unter Rühren etwa 15 Min. kochen.

Dann die gehäuteten Tomaten zugeben, salzen.

Savarinform mit 20 g Butter dick einfetten.

3 Maisbrei behutsam hineinfüllen, mit einem Löffel leicht andrücken. 5 Min. stehen lassen. 1 Limette auspressen.

Die Avocado halbieren, Kern herausheben, Schalen abziehen. Eine Hälfte mit einem Teil des Limettensafts pürieren, die andere Hälfte klein würfeln, mit dem Rest des Limettensafts beträufeln, vorsichtig unters Püree mischen, mit Pfeffer und Salz kräftig würzen.

Pfanne: 40 g Butter aufschäumen, Avocadomus zugeben, vom Herd nehmen, 2 Min. ziehen lassen.

Anrichten

4 Maispudding auf eine Platte stürzen, Avocadosauce rundherum verteilen. Mit 8 halbierten Kirschtomaten dekorieren.

Ideen

- Hüllen Sie den Pudding in ein grünes Kleid: Eine Ringform mit blanchierten Mangoldblättern auslegen, Maisteig hineinfüllen, Blätter drüber zusammenschlagen, dann erst stürzen.
- Eine frische Note bekommt der Pudding, wenn Sie 2 Bund glatte Petersilie gehackt unterziehen.
- Sie können das Gericht zum Auflauf umfunktionieren. Lassen Sie die Okras ganz, garen Sie das Gemüse nicht vor und ziehen Sie Schnee und Dotter von 2 Eiern unter. Mit Butterflöckchen belegt in den Ofen schieben.
- Wenn Sie keine Okras bekommen, nehmen Sie kleine, zarte Zucchinis.

Rum-Huhn mit Pecans

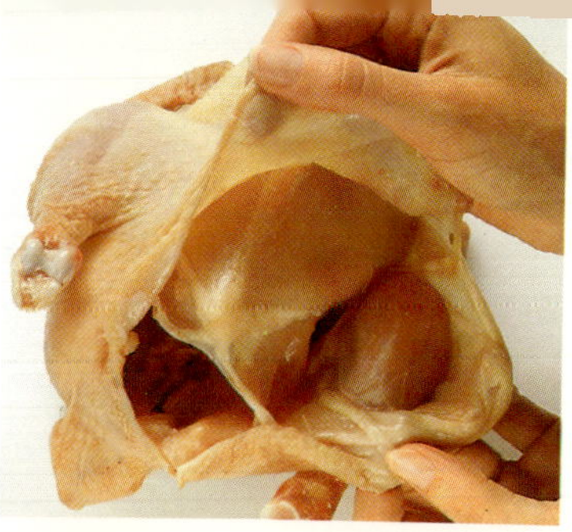

1

2

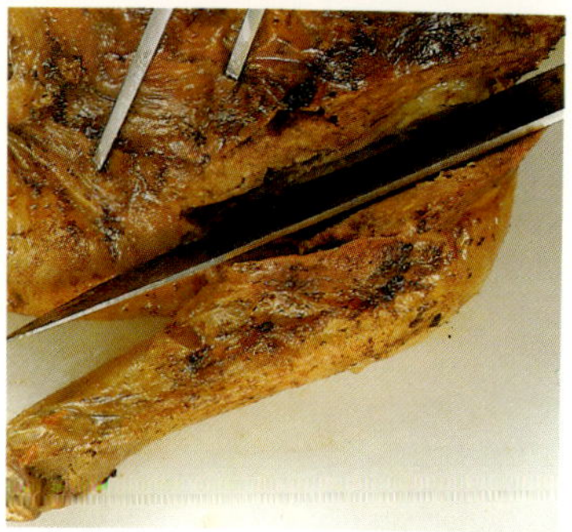

3

In Rum mariniertes Brathuhn mit Pecannußfülle unter der Haut

Hauptgericht.

Ein leichtes, würziges Geflügelgericht, das Vertrautes mit Neuem verbindet. Ohne Beilage eine kleine Mahlzeit.

Auf einen Blick

4 Portionen

Besonderes Gerät: Blitzhacker (Nußmühle).

Dauert insgesamt: 1 Std. 50 Min.
Dabei zu tun: 40 Min.
Herd / Ofen: 5 Min./ 1 Std. 10 Min.

Dazu servieren: Karibischen Reis (siehe »Ideen«).

Getränketip: trockener Rotwein oder Rosé.

Pro Portion: 5700 kJ/1400 kcal

Einkaufen

Fleisch:
2 Grillhähnchen (je 1100 g)
40 g Frühstücksspeck

Gemüse:
2 Zwiebeln
1 Mango

Sonstiges:
200 g Pecannußkerne
etwa 1/8 l brauner Rum
30 g Butter
2 Eier
1/4 l Hühnerbrühe
1 TL Thymian
1 + 1 + 1–2 EL Sojasauce
Piment, Salz, Pfeffer

Zubereiten

Die 2 Hähnchen mit heißem Wasser säubern, trockentupfen und mit 1 EL (von 1/8 l) Rum beträufeln. Innen mit Salz, Pfeffer und etwas Rum ausreiben.

40 g Frühstücksspeck in kleine Würfel schneiden, 2 Zwiebeln abziehen und ebenfalls würfeln.

Kasserolle: Speck in 30 g Butter auslassen, Zwiebeln zugeben und alles hellbraun schmurgeln. Abkühlen lassen.

200 g Pecannußkerne mit dem Blitzhacker fein hacken, mit den Speck-Zwiebeln, 1 TL Thymian und 2 Eiern vermischen, soviel Rum zugeben, wie die Masse verträgt. Mit 1 EL Sojasauce, Pfeffer und wenig Salz würzen.

▶ Backofen auf 180° vorheizen.

1 Hähnchenhaut auf der Brust und bis in die Schenkel hinein vom Fleisch lösen, indem Sie behutsam mit den Fingerspitzen dazwischen fahren.

2 In diesen Raum die Fülle schieben. Bleibt etwas übrig, in die Bauchhöhlen der Hähnchen füllen.

Beide Hähnchen auf einem Rost über das Backblech in den Ofen schieben. 1/2 Tasse Wasser auf das Backblech gießen.

▶ 60 Min. braten, dabei ab und zu mit Rum bepinseln. Am Ende der Garzeit die Hitze auf 220° erhöhen, Hähnchen mit 1 EL Sojasauce bepinseln und noch 8 Min. knusprig braten.

1 Mango schälen, das Fruchtfleisch in Spalten vom Kern schneiden.

Bratensatz auf dem Backblech mit 1/4 l Hühnerbrühe übergießen und mit dem Kochlöffel losrühren. In eine Kasserolle gießen. Aufkochen und mit 1–2 EL Sojasauce, Salz, Pfeffer und gemahlenem Piment würzen.

Anrichten

3 Die Hähnchen erst bei Tisch tranchieren und vorlegen. Mangospalten und Karibischen Reis (siehe »Ideen«) und Sauce dazu reichen.

Ideen

- **Karibischer Reis:** 1 gewürfelte Zwiebel, 1 Knoblauchzehe in 2 EL Öl andünsten, 2 Tassen Langkornreis einstreuen, kurz anbraten. 4 Tassen Hühnerbrühe zugießen und 20 Min. ausquellen lassen.

  Nach Belieben noch gewürfelte Peperoni, Tomaten, Bleichsellerie, Erbsen oder etwas Mango-Chutney zugeben.

- Oder rote Bohnen (1 kleine Dose, abgetropft) unter den Reis mischen (Rezept aus Haiti).

- Die Füllung schmeckt noch karibischer mit Paranüssen statt Pecans.

- Partyidee: Nur Hühnerschenkel füllen und auf dem Blech garen.

Schinkenbraten in Kokossahne

1
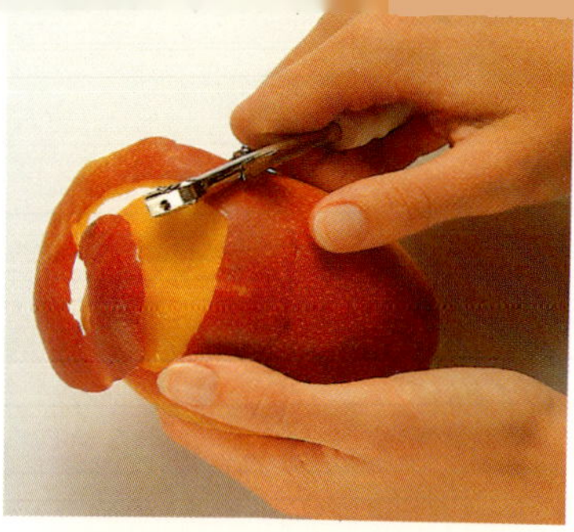

2

3

Schinken, gebraten in Kokossahne mit Mango

Hauptgericht.

Ein mild-würziges Gericht mit süß-saurem Charakter und viel Sauce.

Auf einen Blick

4 Portionen

Besonderes Gerät: Alufolie; Passiersieb (Flotte Lotte; Mixer).

Dauert insgesamt: 1 Std. 25 Min.
Dabei zu tun: 40 Min.
Herd/Ofen: 5 Min. / 1 Std.

Dazu servieren: Reis mit Kokosraspeln gegart oder Ofenkartoffeln.

Getränketip: halbtrockener Weißwein.

Pro Portion: 3300 kJ/790 kcal

Einkaufen

Fleisch:
600 g Burgunderrollbraten (gepökelter, vorgegarter Schweinebraten)

Gemüse:
2 Lauchstangen
1 Mango

Sonstiges:
¼ l Milch
¼ l Sahne
150 g Kokosraspel
15 + 15 g Butter (je 1 EL)
2 TL brauner Rohrzucker
Muskatnuß
Pfeffer, Salz

Zubereiten

¼ l Milch und ¼ l Sahne mit 150 g Kokosraspeln verrühren. 600 g Burgunderrollbraten mit Pfeffer und geriebener Muskatnuß rundum würzen.

Beide Lauchstangen putzen, waschen und nur den hellen Teil in Ringe schneiden.

▶ Backofen auf 200° vorheizen.

Eine feuerfeste Form mit 15 g Butter dick einstreichen, Lauch darin verteilen und das Fleisch draufsetzen. Mit der Kokossahne übergießen.

▶ Auf dem Rost (mittlere Schiene) in den Backofen schieben und 60 Min. braten (Umluft: 175°, 50–60 Min.). Dabei ab und zu mit der Kokossahne beschöpfen .

1 Nach etwa 45 Min.: 1 Mango schälen.

2 Das Fruchtfleisch in Stücken vom Kern schneiden (sitzt sehr fest dran) und in kleine Würfel zerteilen.

In einer Pfanne die restlichen 15 g Butter zerlassen. 2 TL Rohrzucker drüberstreuen und die Mangostücke 3 Min. unter Schwenken darin dünsten.

Fertigen Braten aus der Form heben, in Alufolie packen und im abgeschalteten, etwas geöffneten Ofen warm halten.

3 Bratensauce durch ein feines Sieb (»Flotte Lotte«) passieren. In die Pfanne zu den Mangowürfeln gießen, aufkochen. Mit Salz, Pfeffer und einer Prise Muskat abschmecken.

Anrichten

Braten aufschneiden, Sauce extra dazu reichen.

Ideen

- Wenn Sie keinen Burgunderbraten bekommen (gibt's in Folie verpackt im Kühlregal), nehmen Sie mageres Kasseler ohne Knochen oder Puten-Kasseler. Oder Sie nehmen einen Schweinerollbraten und marinieren ihn über Nacht in Rotwein (vorzugsweise Burgunder). Garzeit: 1 Std. 45 Min. Wenn vorhanden, im gewässerten Tontopf 1 Std. braten, dann den Deckel abnehmen und wie im Rezept beschrieben weiter braten.

- Getrocknete Mangos (in Bioläden oder an der Nuß-Bar) mitschmoren und nachher durchpassieren: so verbindet sich der Geschmack noch inniger mit der Sauce.

- Statt Mangos Ananas nehmen.

- Viel schneller: Dicke Scheiben gekochten Schinken einige Minuten in der Kokossahne ziehen lassen und samt Kokosraspeln servieren.

- Sehr delikat wird es natürlich mit frischer Kokosnuß: Kokos mit dem Blitzhacker pürieren und mit der Sahne verarbeiten, wie oben beschrieben.

Orangen-Steaks mit Okra

Geschmorte Orangen-Steaks mit Okragemüse

Hauptgericht.

Steaks in süß-saurer Sauce, hervorragend ergänzt durch scharf-würziges Okragemüse. Für alle, die Fleisch und exotisches Gemüse lieben.

Auf einen Blick

4 Portionen

Besonderes Gerät: hohe, gußeiserne Pfanne.

Dauert insgesamt: 50 Min.
Dabei zu tun: 45 Min.
Herd: 20 Min.

Dazu servieren: Baguettescheiben oder Ofenkartoffeln.

Getränketip: leichter Rotwein (Vin de pays aus Frankreich, Côtes du Rhône, Beaujolais).

Pro Portion: 1900 kJ/450 kcal

Einkaufen

Fleisch:
4 Rumpsteaks (je 180 g)

Gemüse:
250 g Zwiebeln
1 Knoblauchzehe
300 g Okraschoten
250 g feste Tomaten (Flaschentomaten)
2 grüne Peperoni
1 + 2 Orangen

Sonstiges:
25 + 25 g Butter
4 cl weißer Rum
1 TL grüner Pfeffer
Tabasco, Salz, Pfeffer

Zubereiten

250 g Zwiebeln und 1 Knoblauchzehe fein würfeln.

1 Okra (300 g) waschen, mit einem Messer abschaben und die Stiele abschneiden, ohne die Schoten zu verletzen.

250 g Tomaten 10 Sekunden überbrühen, häuten und entkernen, Fruchtfleisch hacken.

2 Die beiden Peperoni in Ringe schneiden, Kerne und Zwischenwände entfernen.

Kasserolle: Zwiebeln in 25 g Butter glasig dünsten. Tomaten, Knoblauch, Peperoni und Okra zugeben, pfeffern und salzen, etwa 20 Min. simmern lassen.

Eine Orange auspressen, die beiden anderen bis aufs Fruchtfleisch schälen.

3 Filets zwischen den hellen Trennhäuten herauslösen, dabei den Saft auffangen.

Pfanne: 25 g Butter erhitzen. 4 Steaks auf beiden Seiten bei großer Hitze anbraten.

4 cl Rum und den Orangensaft angießen. 8 Min. schmoren, dann salzen und pfeffern, Orangenfilets zugeben, vom Herd nehmen. 5 Min. nachziehen lassen. Mit Tabasco und 1 TL grünem Pfeffer würzen.

Anrichten

Steaks mit Orangenfilets und Gemüse umlegen.

Ideen

- Im Sommer: statt Okras (möglichst kleine) Zucchini nehmen.
- Zwiebelwürfel mit den Steaks anbraten: So wird die Sauce sämig und würziger.

1

2

3

Überbackene Steaks und Krabben aus dem Ofen

Hauptgericht.

Eine amerikanisch beeinflußte Zusammenstellung. Einfach und schnell. »Surf« steht hier für Wasser, also Hummerkrabben, »Turf« für Land, also das Fleisch. Beide Produkte haben in der karibischen Küche gleichrangige Bedeutung. Dieses Gericht ist ideal für Gäste, die Sie langsam auf den karibischen Geschmack bringen wollen.

Auf einen Blick

4 Portionen

Besonderes Gerät: große, flache Gratinform.

Dauert insgesamt: 1 Std. 5 Min.
Dabei zu tun: 35 Min.
Herd/Ofen: 10 / 30 Min.

Dazu servieren: Ofenkartoffeln oder gebackene Bataten.

Getränketip: leichter, trockener Weißwein oder Rosé.

Pro Portion: 3100 kJ/740 kcal

Einkaufen

Fleisch & Fisch:
300 g Schweinefilet
300 g gekochte, geschälte Hummerkrabben

Gemüse:
2 Flaschentomaten (vollreife Gemüsetomaten)
1 Lauchstange
1 Bund Basilikum

Sonstiges:
30 + 30 g Butter
1/4 l trockener Weißwein
200 g Mozzarella
40 g geriebener Parmesan
30 + 50 g gemahlene Mandeln
75 g Kräuter-Doppelrahm-Frischkäse
Salz, Pfeffer

Zubereiten

Schweinefilet (300 g) in 2 cm dicke Scheiben schneiden.

Pfanne: 30 g Butter zerlassen, Filet darin auf beiden Seiten kräftig anbraten, erst dann salzen und pfeffern, aus der Pfanne heben. Fond mit 1/4 l Weißwein ablöschen und in eine große, feuerfeste Form gießen.

Großer, flacher Topf: 1 l Salzwasser aufsetzen.

Die 2 Tomaten 10 Sekunden überbrühen, kalt abschrecken, häuten und in Scheiben schneiden.

Die Lauchstange putzen.

1 Seitlich aufschlitzen, unter fließendem Wasser gründlich waschen. Im kochenden Salzwasser etwa 2 Min. blanchieren, abtropfen lassen und in lange Streifen schneiden.

2 Je 2 Hummerkrabben mit Lauchstreifen umwickeln, in die Gratinform setzen. Steaks zwischen die Krabben setzen.

► Backofen auf 220° (Gas: Stufe 4) vorheizen.

200 g Mozzarella in feine Würfel schneiden, in zwei Portionen teilen. 40 g (möglichst frisch geriebenen) Parmesan mit 30 g Butter und 30 g Mandeln verkneten, die Hälfte der Mozzarellawürfel untermischen. Mit Salz und Pfeffer abschmecken.

3 Diese Paste auf die Tomatenscheiben streichen. Auf die Steaks verteilen.

75 g Frischkäse mit 50 g Mandeln und restlichen 100 g Mozzarellawürfeln verrühren. Mit Salz und Pfeffer würzen.

Von 1 Bund Basilikum die Blättchen abzupfen und hacken. Unter die Frischkäsecreme ziehen, auf die Krabben-Pakete streichen.

► Gratinform auf dem Rost (mittlere Schiene) in den heißen Backofen schieben. Etwa 30 Min. goldbraun überbacken (Umluft: 200°, 25 Min.).

Anrichten

Entweder den Gratin in der Form servieren. Oder Hummerkrabben und Steaks auf eine Platte setzen und die Sauce in einer Sauciere extra dazu reichen.

Ideen

- Sehr dekorativ: Das Fleisch als ganzes Filet rosig braten, mit den vorbereiteten Krabben umlegen und mit einer Haube aus Blätterteig überbacken.
- Zwei Ragouts vorbereiten: mit Filetspitzen samt Tomatenwürfeln einerseits, mit Krabben und Lauch andererseits. Dazu Fleurons (kleine pikante Blätter-

1

2

3

teig-Gebäckstücke) oder kleine Portions-Reisringe.

- Mit Früchten statt Gemüse bekommt es einen völlig anderen Charakter: Das Fleisch mit Ananas und Ketchup garnieren, die Krabben mit Orangenfilets umlegen. Die Käsegarnitur bleibt unverändert.
- Nehmen Sie statt Krabben Seezungenfilets und statt Schweinefilet Kasseler. Ist farblich ebenso kontrastreich und ergänzt sich gut im Geschmack.
- Sehr edel: Kalbsfilet (obwohl nicht typisch für die karibische Küche) mit Schneekrabbenscheren (gibt's manchmal tiefgekühlt in guten Fischgeschäften). Die Scheren einzeln in die Lauchblätter einwickeln.
- Typisch für die Insel Curaçao: Ziegenfleisch. Ausgelösten, in Scheiben geschnittenen Ziegenrücken kombinieren mit Gambas (Chilegarnelen). Vielleicht mit einigen Tropfen Curaçao aromatisieren?
- Zu der Frischkäsecreme paßt auch noch ein Hauch von frisch geriebenem Ingwer. Und statt der Mandeln könnte man auch gut ungesalzene Erdnüsse mahlen und zugeben.

Frikassee mit Kokosreis

1

2

3

Süß-saures Hühnerfrikassee im Kokosreisring

Hauptgericht.

Eine traditionell europäische Zubereitung, karibisch abgewandelt. Hier spielen die Zutaten die Hauptrolle!

Auf einen Blick

4 Portionen

Besonderes Gerät: Reisringform.

Dauert insgesamt: 1 Std. 30 Min.
Dabei zu tun: 45 Min.
Herd: 1 Std. 10 Min.

Dazu servieren: eventuell Salat (Frisée, Radicchio, Romana).

Getränketip: Weißwein (Riesling, Rheinhessen-Silvaner, trockener Schoppenwein von der Nahe).

Pro Portion: 5700 kJ/1400 kcal

Einkaufen

Fleisch:
1 Poularde (etwa 1500 g)

Gemüse & Obst:
1 unbehandelte Zitrone
½ Ananas
1 Banane
3 Frühlingszwiebeln
1 kleine Staude Bleichsellerie
3 grüne Peperoni

Sonstiges:
20 + 20 g Butter
80 g Kokosraspel (plus 2 EL zum Garnieren)
250 g Langkornreis
20 g Maismehl (1 EL)
⅛ l süße Sahne
Fett für die Form
1 Lorbeerblatt
Sojasauce, Tabasco, Salz

Zubereiten

Großer Topf: Die Poularde in ½ l Wasser mit Salz, 1 Lorbeerblatt und 1 halbierten Zitrone bei mittlerer Hitze im geschlossenen Topf 1 Std. garen.

Danach Brühe abgießen und kalt stellen (das Fett wird fest und kann entfernt werden). Poularde häuten, zerlegen und das Fleisch von den Knochen lösen. In größere Stücke teilen.

1 Halbe Ananas schälen, Strunk entfernen. Frucht in Scheiben, diese in kleine Stücke teilen.

Die 3 Frühlingszwiebeln in Ringe schneiden.

2 Von 1 Staude Bleichsellerie die Stangen ablösen, Fäden an der Außenseite abziehen. Die Stengel in dünne Scheiben schneiden.

3 Peperoni ohne Stiele, Kerne und Zwischenwände in kleine Würfel schneiden.

80 g Kokosraspel und 250 g Reis in 20 g Butter andünsten, ½ l Wasser angießen, salzen und mit Tabasco würzen. Bei kleiner Hitze 25 Min. ausquellen lassen.

Großer Topf: 20 g Butter zerlassen, vorbereitetes Gemüse und Ananas andünsten, mit 20 g Maismehl überstäuben.

Hühnerbrühe (ohne Fett) zum Gemüse gießen und bei mittlerer Hitze 10 Min. simmern lassen.

Die Banane schälen, mit Blitzhacker (oder Gabel) pürieren und zum Gemüse geben, das Fleisch einlegen, die Sauce mit Sojasauce und ⅛ l Sahne verrühren, 5 Min. ziehen lassen.

Anrichten

Reisring dick ausfetten, heißen Reis fest hineindrücken.

3 Auf eine Platte stürzen. Mit Kokosraspeln bestreuen. Frikassee im Reisring anrichten.

Ideen

- Wird luxuriöser und pikanter mit einer Garnitur aus gekochtem Schinken und Krabben.
- Wer's gar nicht süß mag, kann die Früchte auch durch Gemüse ersetzen: Okra, Kirschtomaten, Peperoni und Frühlingszwiebeln sorgen in diesem Fall für karibischen Touch.
- Raffiniert: Den Reisring auf eine feuerfeste Platte stürzen, mit Butterflöckchen belegen und mit 1–2 EL braunem Zucker bestreuen, im heißen Backofen kurz gratinieren.
- Auch hübsch: Reis portionsweise in kleine Timbaleförmchen drücken, auf je ein eingelegtes Weinblatt stürzen.
- Falsches, aber sehr schnelles Ragout: gewürfelte Hühnerbrüstchen in Hühnerfond oder -brühe (Fertigprodukt) garziehen lassen.

1

2

3

Schweineragout mit Mangosaft, Tomaten und kleinen Schalotten

Hauptgericht.

Hier ist es einmal umgekehrt: nicht die Zwiebeln verschmoren zur Sauce, sondern die Tomaten. Das ergibt eine würzig-fruchtige Note, die sich mit dem Mangogeschmack ideal ergänzt. Prima vorzubereiten: schmeckt aufgewärmt noch aromatischer.

Auf einen Blick

4 Portionen

Besonderes Gerät: gußeiserne, emaillierte Kasserolle mit Deckel.

Dauert insgesamt: 1 Std. 30 Min.
Dabei zu tun: 45 Min.
Herd: 1 Std. 30 Min.

Dazu servieren: Reis mit Mangostückchen oder Kartoffelgratin mit einer Kokoshaube wie beim Gemüsegratin (S. 60).

Getränketip: trockener Weißwein.

Pro Portion: 2300 kJ/540 kcal

Einkaufen

Fleisch:
500 g Schweinefleisch (aus der Keule)
50 g fetter Schweinespeck

Gemüse:
500 g aromatische, vollreife Tomaten
250 g kleine Schalotten
1 Bund Schnittlauch

Sonstiges:
1 TL Butter
0,2 l Mangosaft
5 cl Portwein
50 + 50 g Crème fraîche
2 EL Mangostückchen (eventuell getrocknet) zum Garnieren
1 TL mildes Paprikapulver
1 Lorbeerblatt
Salz, Pfeffer

Zubereiten

Speck (50 g) sehr fein würfeln. 1 TL Butter in einer Kasserolle schmelzen und den Speck darin glasig braten.

Währenddessen 500 g Schweinefleisch in 2 cm große Würfel schneiden. Sobald der Speck zu bräunen beginnt, das Fleisch darin rundherum anbraten, mit 1 TL Paprikapulver, 1 Lorbeerblatt, Pfeffer und Salz würzen.

500 g Tomaten waschen, unzerteilt zum Fleisch geben und bei mittlerer Hitze und aufgelegtem Deckel etwa 30 Min. schmoren lassen.
In der Zwischenzeit 250 g Schalotten schälen.

1 Nach 30 Min. zum Fleisch geben, bei geöffnetem Deckel etwa 25 Min. einkochen lassen, bis alle Flüssigkeit verkocht ist und der Fond sich bräunt. Dann 0,2 l Mangosaft und 5 cl Portwein angießen.

2 Die abgelösten Tomatenhäute und das Lorbeerblatt herausfischen. Bei geöffnetem Deckel das Ragout so lange simmern lassen, bis es dicklich wird.

1 Bund Schnittlauch waschen und in feine Röllchen schneiden.

3 Die Hälfte davon mit 50 g Crème fraîche unter das Ragout ziehen, mit Salz und Pfeffer abschmecken.

5 Minuten nachziehen lassen.

Anrichten

Ragout in eine Deckelschüssel füllen, mit weiteren 50 g Crème fraîche, 2 EL gehackten Mangos (eventuell getrocknete) und Schnittlauchröllchen garnieren.

Ideen

- Das Fleisch im Ganzen als Braten schmoren, dann aber mindestens 1 kg nehmen (die Menge reicht gut für 6 Portionen).
- Speck, Fleisch, Tomaten und Zwiebeln getrennt anbraten und das Gericht im vorschriftsmäßig gewässerten Tontopf zubereiten: so wird es milder. Die Sauce muß nachher extra in einer Kasserolle eingekocht werden.
- Rinderrouladen mit Speckscheiben, Ketchup, Zwiebelstreifen und gehäuteten, in Stücke geschnittenen Tomaten füllen, anbraten und im Mangosaft gar schmoren.
- Probieren Sie Maracujasaft statt Mango: das schmeckt noch eigenwilliger tropisch.
- Wer nur einen Hauch von Frucht mag: in Rotwein schmoren, aber mit 1–2 TL Tropenfruchtlikör abschmecken.
- Macht Arbeit, aber lohnt sich: Schmoren Sie kleine, rund zurechtgeschnittene oder mit dem Kugelausstecher ausgebohrte Kartoffeln von Anfang an mit: dann haben Sie einen Luxus-Eintopf!

Tarte mit Kochbanane, roter Paprika, Zwiebeln und Schinken

Hauptgericht.

Eine etwas rustikale, unkomplizierte Mahlzeit, die auch für 8 Personen als Vorspeise dienen kann. Darf eingefroren und wieder aufgebacken werden.

Auf einen Blick

4 Portionen

Besonderes Gerät: Nußmühle (Blitzhacker); Teigrolle; Pieform (oder Springform); Tortenteiler.

Dauert insgesamt:	1 Std. 55 Min.
Dabei zu tun:	1 Std. 10 Min.
Herd / Ofen:	10 / 45 Min.

Dazu servieren: scharf gewürzten Tomatensalat oder grünen Salat.

Getränketip: frischer, leichter Rosé oder ein Pils.

Pro Portion: 3800 kJ/900 kcal

Einkaufen

Fleisch:
150 g gekochter Schinken

Gemüse:
2 Kochbananen (ca. 400 g)
2 Zwiebeln
2 rote Paprikaschoten
1 frische rote Peperoni
500 g frischer Spinat

Sonstiges:
100 g Pecannüsse
80 + 10 + 40 g Butter (130 g)
1 Ei (Gew. Kl. 5)
200 g Mehl
2 EL Tomatenketchup
2 EL Sojasauce
geriebene Muskatnuß
gemahlener Piment
Salz, Pfeffer

Zubereiten

100 g Pecannüsse mit der Nußmühle mahlen.

1 80 g Nüsse abwiegen, mit 200 g Mehl, 80 g kalten Butterflöckchen, Salz und 1 Ei schnell zu einem Mürbeteig zusammenkneten. Zur Kugel formen, in Frischhaltefolie wickeln und im Gemüsefach des Kühlschranks mindestens 1 Std. ruhen lassen.

Inzwischen 2 Zwiebeln schälen, halbieren und in feine Würfel schneiden. In einer kleinen Pfanne in 10 g Butter hellbraun braten. Dann mit den restlichen 20 g gemahlenen Pecannüssen vermischen.

150 g Schinken würfeln und unter die Zwiebelmasse ziehen.

Die 2 Paprikaschoten und 1 Peperoni waschen, halbieren, Stiele, Kerne und Zwischenwände entfernen. Die Paprika in größere, die Peperoni in kleine Würfel schneiden. Mit 2 EL Ketchup, Pfeffer, Salz und etwas gemahlenem Piment würzen.

Großer Topf: 3 l Salzwasser zum Kochen bringen, 500 g Spinat darin 1 Min. blanchieren, in ein Sieb abgießen. Saft vorsichtig ausdrücken.

Den Spinat in Streifen schneiden, mit Salz, Pfeffer und einem Hauch Muskat würzen.

► Backofen auf 220° vorheizen.

2 Den Teig zu einer runden Platte von etwa 30 cm Durchmesser ausrollen (zwischen zwei Blättern Frischhaltefolie). Dann eine Folie abziehen.

3 Den Teig mit der unbedeckten Seite in eine Pieform (26 cm Durchmesser) stürzen, zweite

1

2

3

4

5

Folie abziehen und den Teig in die Form drücken. Dabei rundherum einen Rand hochziehen.

4 Den Boden mit einer Gabel mehrfach einstechen, die Ränder mit der Gabel rundherum einkerben, so daß eine lustige Wellenlinie entsteht.

5 Die beiden Bananen schälen und in 5 mm dicke, schräge Scheiben schneiden.

Den Teigboden mit der Zwiebel-Pecan-Mischung bestreuen. Mit Hilfe eines Tortenteilers 12 gleich große Stücke markieren. Jeweils im Wechsel mit Bananen, Paprika und Spinat belegen. Die Bananen dabei auf der Unterseite mit Sojasauce benetzen.

Die Oberfläche mit 40 g Butter in kleinen Flöckchen belegen.

▶ In den vorgeheizten Backofen schieben und 45 Min. backen (Umluft: 190–200°, 40 Min.).

Anrichten

Tarte in der Form heiß oder lauwarm servieren.

Ideen

- Europäisch-saftig wird die Tarte, wenn Sie sie vorm Backen mit 75 g geriebenem Gruyère bestreuen.
- Wie eine Quiche zubereiten: Also den Boden »blind« vorbacken (nach dem Einstechen getrocknete Erbsen einfüllen, die nach etwa 15 Min. Backzeit entfernt werden), dann eine Mischung aus verquirltem Ei und saurer Sahne draufgießen und mit dem Gemüse belegen.
- Mehr Biß bekommt die Tarte mit Weizen-Vollkornmehl (ein paar Tropfen Wasser zum Teig geben, weil Vollkornmehl mehr Feuchtigkeit bindet).
- Für ganz Eilige: entweder Tiefkühl-Blätterteig nehmen. Oder als Quiche (wie oben), aber ganz ohne Teig zubereiten.
- Wenn Sie keine Kochbananen bekommen, nehmen Sie feste, noch leicht grüne Bananen. Die Tarte wird damit etwas süßlicher.
- Statt der roten Peperoni tut es auch eine grüne. Oder ein paar Tropfen Tabasco, eine Prise Cayennepfeffer. Oder scharfe Paprikapaste aus der Tube (drauf achten, daß es wirklich die extra scharfe ist).

Brassen auf Batatengratin

1

2

3

Marinierte Rotbrassen, gebacken mit Kartoffeln und Bataten

Hauptgericht.

Ein sehr einfaches Essen: Beilage und Fisch werden gemeinsam gegart. Die raffinierte Note bekommt das Essen durch die scharfe kalte Sauce und die süßliche Komponente der Bataten.

Auf einen Blick

4 Portionen

Besonderes Gerät: Küchenpinsel; Gemüsehobel (Küchenmaschine); große, feuerfeste Form; kleines Sieb.

Dauert insgesamt: 1 Std. 10 Min. (plus 1 Std. Marinierzeit)
Dabei zu tun: 45 Min.
Ofen: 50 Min.

Dazu servieren: Tomatensalat.

Getränketip: leichter, herber Weißwein.

Pro Portion: 3900 kJ / 930 kcal

Einkaufen

Fisch:
Etwa 2 kg Rotbrassen, ausgenommen und geschuppt, mit Kopf und Schwanz (ersatzweise Meerbrassen)

Gemüse:
400 g Kartoffeln
400 g Bataten
2 + 3 Knoblauchzehen
1 Zitrone
1 Bund Dill
1 – 2 Bund glatte Petersilie
1 Bund Estragon

Sonstiges:
1 EL Butter für die Form
⅛ + ⅛ l Olivenöl
4 hartgekochte Eigelb
4 EL Weißweinessig
¼ TL Majoran
¼ TL gemahlener Kreuzkümmel
Salz, Pfeffer

Zubereiten

Die Fische waschen, mit Küchenkrepp trockentupfen. 1 Zitrone auspressen. 2 Knoblauchzehen fein hacken, mit Majoran, Kreuzkümmel, Salz und Pfeffer unter den Zitronensaft mischen.

1 Fische mit dieser Marinade von innen und außen bepinseln und begießen. 1 Std. im Kühlschrank marinieren.

Kartoffeln und Bataten (je 400 g) schälen, in 5 mm dicke Scheiben hobeln. Mit etwas Salz und Pfeffer vermischen.

▶ Backofen auf 200° vorheizen.

Große, feuerfeste Form mit 1 EL Butter ausstreichen.

2 Kartoffel- und Batatenscheiben im Wechsel einschichten, die Fische darauf legen und alles mit der Marinade begießen. ⅛ l Olivenöl drüberträufeln, dann die Form in den heißen Ofen schieben.

▶ 30 Min. backen (Umluft: 175°). Dann die Hitze auf 180° (Umluft: 150°) zurücknehmen und den Fisch noch 20 Min. fertigbacken. Wird er zu dunkel, mit Alufolie locker abdecken.

Sauce: 3 Knoblauchzehen sehr fein hacken. Die Blättchen von je 1 Bund Petersilie, Dill und Estragon abzupfen. Unter allmählicher Zugabe von ⅛ l Olivenöl die Kräuter im Blitzhacker pürieren. Dann erst Knoblauch, Salz, Pfeffer und 4 EL Essig untermischen.

3 Die 4 Eigelb durch ein feines Sieb in die Sauce drücken, nochmals abschmecken.

Anrichten

In der Form auftragen, mit Petersilie garnieren. Die Sauce extra dazu reichen.

Ideen

- Filetierte Brassen mit Tomaten- und Zucchinischeiben belegen und nur 30 Min. im Ofen backen. Getrennt dazu Ofenkartoffeln mit Avocadodip reichen.
- Statt Kreuzkümmel Fenchelsamen, statt Majoran Thymian nehmen und die Fische in Weinblätter wickeln, ebenfalls nur 30 Min. backen.
- Die Fische mit einer Mischung aus gehackten Kräutern, Gewürzen und eingeweichtem Weißbrot samt Ei füllen.
- Den Fisch marinieren und dann solo in Folie backen – in diesem Fall reichen 35 – 40 Min. Als Beilage Gemüsegratin oder reines Batatengratin reichen.

Haifischsteaks in scharfer Limetten-Tomatensauce

Hauptgericht.

Frisch-säuerliches, sehr scharfes Fischragout vom festfleischigen Haifisch.

Auf einen Blick

4 Portionen

Besonderes Gerät: Schaumlöffel.

Dauert insgesamt: 40 Min.
Dabei zu tun: 30 Min.
Herd: 25 Min.

Dazu servieren: Kokosreis oder Möhren-Bataten-Gratin oder Weißbrot.

Getränketip: frischer, trockener Weißwein (Ruländer, Riesling) oder leichter Rotwein.

Pro Portion: 1200 kJ / 290 kcal

Einkaufen

Fisch:
500 g Haifischsteaks

Gemüse:
2 Limetten
2 frische rote Peperoni
1 rote Paprikaschote
2 Zwiebeln
1 Knoblauchzehe

Sonstiges:
4 EL Olivenöl
500 g pürierte Tomaten (Fertigprodukt)
2 EL Weißweinessig
Salz, Pfeffer

Zubereiten

1 Von 400 g Haifischsteaks Gräten und Haut ablösen. Das Fischfleisch in 2 cm große Würfel schneiden. Mit Salz bestreuen.

2 Limetten in dünne Scheiben schneiden und über den Fisch verteilen.

Beide Peperoni und 1 rote Paprikaschote waschen, halbieren, Stiele, Zwischenwände und Kerne entfernen. In kleine Würfel schneiden. 2 Zwiebeln und 1 Knoblauchzehe schälen und ebenfalls würfeln.

Kasserolle: 4 EL Olivenöl erhitzen, Fischwürfel anbraten und herausheben. Dann das Gemüse andünsten, 500 g Tomatenpüree angießen, pfeffern und etwa 10 Min. schmoren lassen, mit Salz abschmecken.

Die Fischwürfel, Limettenscheiben und 2 EL Essig zufügen und 10 Min. bei schwacher Hitze ziehen lassen. Nochmals abschmecken.

Anrichten

Noch lauwarm zu Tisch geben.

Ideen

- Wer es milder mag: Gemüsezwiebeln statt Zwiebeln und Peperoni statt Paprikapulver verwenden.
- Einen ganz anderen Charakter bekommt das Gericht, wenn man es – statt es ziehen zu lassen – in einer Gratinform mit Semmelbröseln und Olivenöl überbäckt.
- Noch würziger und reicher: grüne Oliven mitdünsten und die Sauce mit geriebenen Mandeln binden.
- Sanfter und saftiger wird das Gericht mit Crème fraîche.

1

- Statt Haifisch: 750 g frischer Thunfisch in Scheiben (wird fast immer mit Haut und Gräten verkauft). Das Fischfleisch sorgfältig enthäuten und zwischen den Gräten herauslösen. Nur kurz garen, sonst wird es trocken. Würzen könnte man noch mit im Mörser zerdrücktem Kreuzkümmel (manchmal auch Cumin oder Mutterkümmel genannt).
- Natürlich können auch weniger exotische Fischfilets auf diese Weise zubereitet werden: Rot- oder Goldbarsch beispielsweise. Allerdings sollte man die Limetten nicht durch Zitronen ersetzen, da diese dem Gericht den typischen Charakter geben.
- Statt Tomatenpüree: 750 g Fleischtomaten überbrühen, häuten und durch ein Sieb streichen.

Gratinierte Papaya

1

2

3

Papaya, mit Hirse-Soufflé gefüllt und überbacken

Die Papayas sind im Ursprungsland größer als diejenigen, die Sie bei uns kaufen können. Wählen Sie für dieses Gericht die größten Exemplare – oder kaufen Sie 6 kleinere. Lachsschinken ist nicht original karibisch, kommt aber dem dortigen Dörrfleisch recht nahe.

Auf einen Blick

4 Portionen

Besonderes Gerät: kleiner Kugelausstecher (Kartoffelbohrer); Wiegemesser.

Dauert insgesamt: 1 Std. 5 Min.
Dabei zu tun: 40 Min.
Herd / Ofen: 10 / 25 Min.

Dazu servieren: grünen Salat mit Vinaigrette oder Thousand-Island-Sauce (Fertigprodukt).

Getränketip: leichter, fruchtiger Weißwein oder Rosé.

Pro Portion: 1600 kJ/400 kcal

Einkaufen

Fleisch:
100 g hauchdünn geschnittener Lachsschinken

Gemüse:
4 große Papayas
1 Tasse Alfalfasprossen (Reformhaus, Naturkostladen)
1 + 2 Limetten
1 Bund glatte Petersilie

Sonstiges:
1 EL Butterschmalz
150 g Hirse
5 cl Weißwein
100 g Crème fraîche
2 Eier
Angostura Bitter
mildes Paprikapulver
Salz, Pfeffer

Zubereiten

1 Kleiner Topf: 1 EL Butterschmalz erhitzen, 150 g Hirse darin etwa 2 Min. kräftig anrösten, mit 100 ml Wasser und 5 cl Weißwein aufgießen, Pfeffer und Salz zugeben. Bei kleiner Hitze etwa 10 Min. kochen lassen, 100 g Crème fraîche druntterrühren. Vom Herd nehmen, weitere 15 Min. quellen lassen.

► Backofen auf 220° vorheizen.

2 Die Papayas der Länge nach halbieren, die Kerne mit einem Löffel herauskratzen.

3 Fruchtfleisch mit einem kleinen Kugelausstecher herausheben, 4 EL beiseite legen, das übrige unter die Hirse ziehen.

Von 1 Bund Petersilie die Blättchen abzupfen und sehr fein hacken. 1 Limette halbieren und auspressen. Den Saft mit der Petersilie, Angostura Bitter und Pfeffer unter die Hirse ziehen.

Alfalfasprossen (1 Tasse) im Sieb lauwarm überbrausen, gut abtropfen lassen.

100 g Lachsschinken in schmale Streifen schneiden. Die 3 Eier trennen, die Dotter mit Schinkenstreifen und Alfalfasprossen unter die Hirse ziehen. Die Eiweiße mit etwas Paprikapulver steif schlagen, ebenfalls unterheben. In die Papayahälften füllen, auf ein Backblech setzen.

► In den Backofen schieben und 25 Min. überbacken (Umluft: 175°, 20–25 Min.).

Anrichten

Die 2 restlichen Limetten in Spalten schneiden. Auf einem großen Teller Papayahälften mit Limettenspalten und einigen Papayakullern anrichten. Mit Petersilie dekorieren.

Ideen

- Wenn Sie keine frische Papaya bekommen, behelfen Sie sich mit Ananas: das sieht ebenso dekorativ aus und schmeckt zwar anders, aber ebenfalls gut.
- Gerade bei Papaya bietet sich auch eine süße Variante an: statt Wasser Milch, statt Schmalz Butter, statt Kräutern und Gemüse Pistazien, Kokosraspel, Minze und getrocknete Tropenfrüchte. Dazu etwas Zucker, ein Schuß Likör – fertig.
- Ohne Papaya kann das Hirsesoufflé auch fischig-scharf mit gehacktem Thunfisch, Knoblauch und Peperoni zubereitet werden.
- Und zu guter Letzt: In Paprikaschoten macht sich die scharfe Version ebenfalls gut.

Dinner

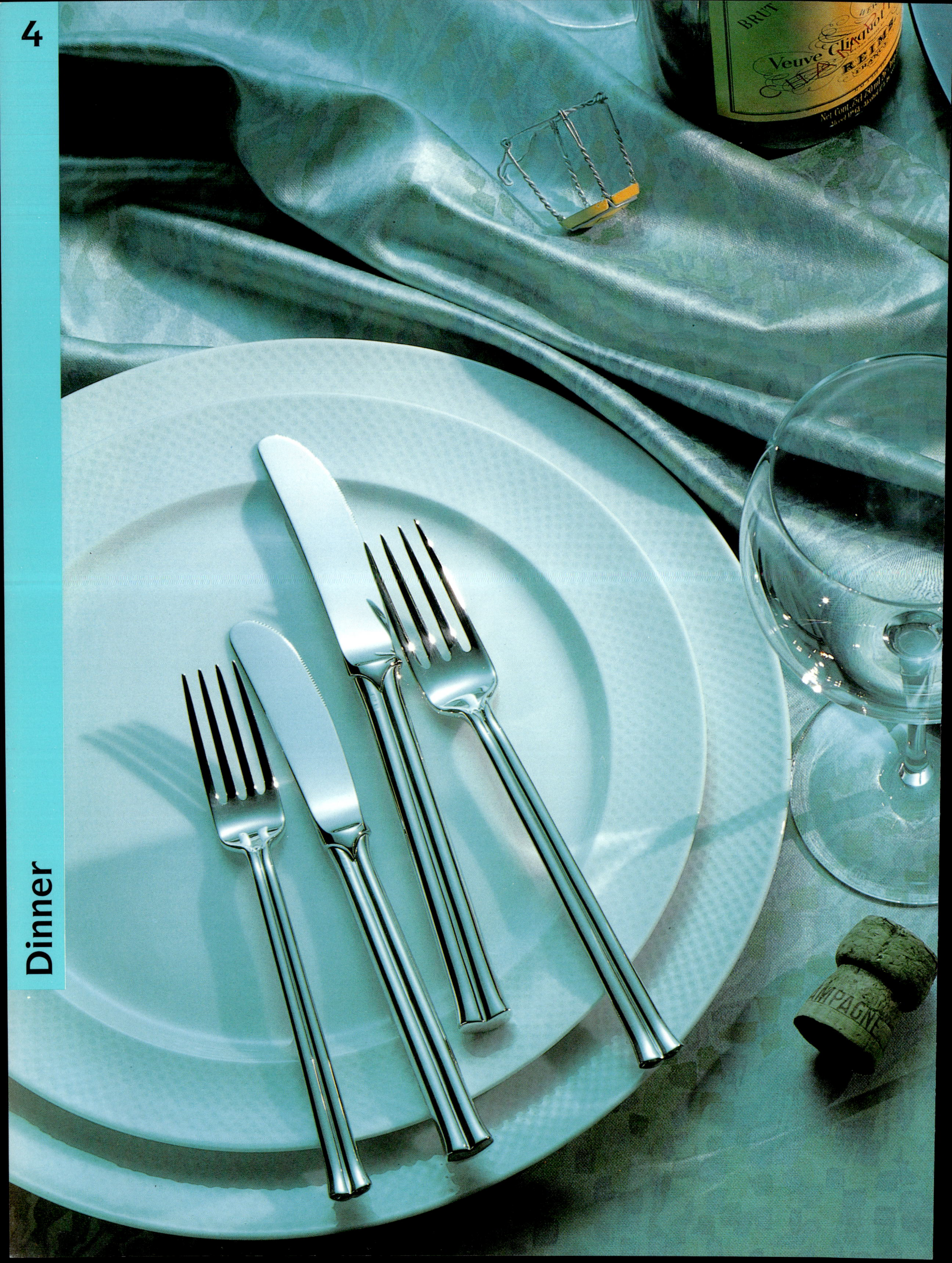

Gefüllte Schweineschulter

Glasierte Schweineschulter, gefüllt mit Ananas-Polenta

Trotz der tropischen Hitze gehört »Schweinernes« bevorzugt auf den karibischen Küchenzettel. In diesem Fall wird die Schwarte durch Rum und Soja besonders aromatisch – die Füllung gibt dem Braten die exotische Note.

Auf einen Blick

10 Portionen

Besonderes Gerät: Holzsticks (Zahnstocher); Bratreine.

Dauert insgesamt: 2 Std. 15 Min.
Dabei zu tun: 30 Min.
Herd / Ofen: 5 Min./ 1 Std. 40 Min.

Dazu servieren: Gemüsegratin (Rezept S. 60) oder Baguette.

Getränketip: Tonic water, Papaya Bitter oder Bier, danach ein Granité.

Pro Portion: 1700 kJ/400 kcal

Einkaufen

Fleisch:
2,3 kg Schweineschulter mit Schwarte (ohne Knochen); Tasche zum Füllen einschneiden lassen

Gemüse:
½ reife Ananas (350 g)
1 Knoblauchzehe
1 frische rote Peperoni

Sonstiges:
200 ml Gemüsebrühe
80 g Maisgrieß (Polenta)
⅛ l brauner Rum
1 Lorbeerblatt
¼ TL gemahlener Piment
3 EL Sojasauce
3 EL Honig
3 EL Tomatenmark
Salz, Pfeffer

Zubereiten

Das Fleischstück mit kaltem Wasser abwaschen, trockentupfen.

1 Die Schwarte im Abstand von 2 cm rautenförmig einschneiden. Die Tasche zum Füllen mit 1 TL Salz, Pfeffer und dem Tomatenmark einreiben.

Die halbe Ananas schälen, Fruchtfleisch längs vom harten Strunk schneiden und in Stücke zerteilen.

Die Peperoni von Stiel, Kernen und Zwischenwänden befreien, in Streifen schneiden. 1 Lorbeerblatt fein zerbröseln, 1 Knoblauchzehe hacken.

200 ml Brühe mit 80 g Maisgrieß, Ananasstückchen, 3 EL Rum (von ⅛ l), Peperoni, Lorbeer, Knoblauch, Piment und Pfeffer zum Kochen bringen, etwa 10 Min. köcheln lassen, bis die Masse fest wird. Der Maisgrieß ist dann noch nicht weich, quillt aber beim Braten nach.

► Backofen auf 200° vorheizen.

2 Den Brei in die Fleischtasche schieben.

3 Die Öffnung mit einzelnen Holzsticks zusammenstecken.

► Bratenstück in einer Reine auf der unteren Schiene in den Ofen schieben (Umluft: 175°). 1 Std. 40 Min. braten.

Nach 1 Std. überprüfen, ob die Schwarte zu dunkel wird. Eventuell mit Alufolie bedecken.

15 Min. vor Ende der Garzeit die Schwarte mit einer Mischung aus 3 EL Sojasauce, 3 EL Rum und 2 EL Honig bepinseln.

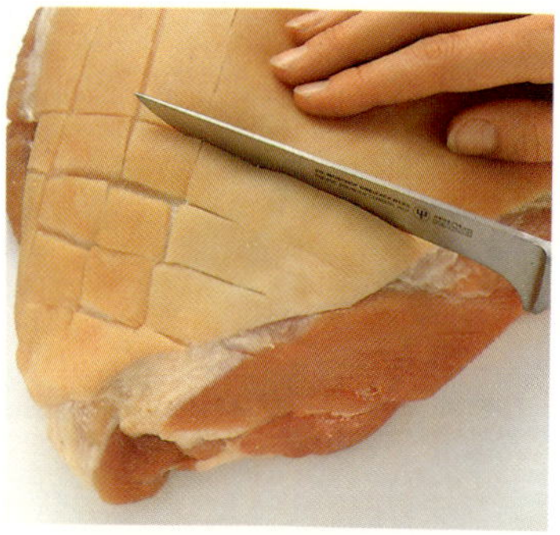
1

2

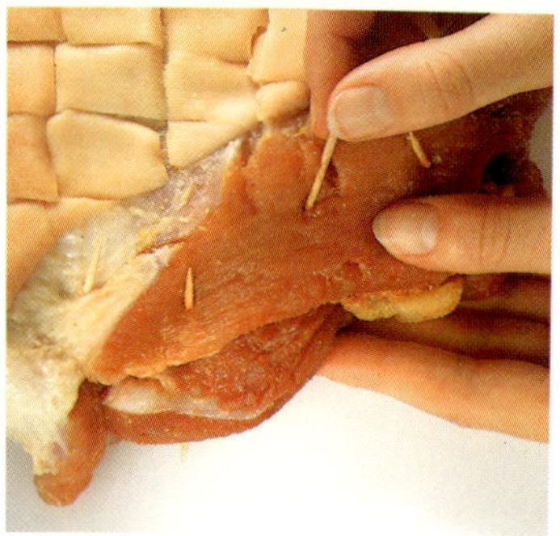
3

4 

Den Braten auf einem Brett abtropfen lassen, die Holzstäbchen herausziehen (den Saft dabei auffangen). Fond mit dem restlichen Rum loskochen, mit 1 EL Honig, Pfeffer und Salz abschmecken, kräftig durchkochen lassen.

Anrichten

4 Braten im Stück auftragen. Erst bei Tisch mit einem großen, scharfen Messer aufschneiden. Die Sauce extra dazu reichen.

Ideen

- Wer's magerer mag, kann einen Braten aus der Hüfte wählen und ihn rundherum mit der Füllung bestreichen – zuoberst eine dünne Schicht süßen Senf auftragen. Diese Kruste schmeckt sehr pikant und schützt das magere Fleisch vor dem Austrocknen.
- Statt Mais paßt auch eine Füllung aus eingeweichtem, fest ausgedrücktem Weißbrot mit gebratenen Zwiebeln, Schinkenwürfeln und gehackter Leber. Nach Belieben mit kleingeschnittenem Basilikum gewürzt.
- Sie können auch kleine Schnitzel à la Saltimbocca schneiden und diese einzeln füllen – für einen kleineren Kreis ideal.

Filet in Bananenbrot

In Rum mariniertes Schweinefilet in Bananenbrot

Eine überraschende Kombination von pikant und süß. Wichtig ist gut abgehangenes Fleisch, damit der Teig nicht zu naß wird. Schmeckt auch kalt.

Auf einen Blick

8–10 Portionen

Besonderes Gerät: große Rehrückenform (30 cm) oder Kastenform.

Dauert insgesamt: 1 Std. 50 Min. (plus 2 Std. Marinierzeit)
Dabei zu tun: 45 Min.
Herd / Ofen: 10 Min./1 Std.

Dazu servieren: Karibischen Salat (Rezept S. 23) oder Salat mit Vinaigrette.

Getränketip: halbtrockener Weißwein, Bowle, Papaya Bitter, Ananas-Granat.

Bei 10 Portionen pro Portion: 2200 kJ/520 kcal

Einkaufen

Fleisch:
700 g Schweinefilet im Stück (etwa 26 cm lang)

Gemüse:
1 kleiner Kopf Eisbergsalat
2 reife Bananen (400 g)
½ Zitrone (2 EL Saft)

Sonstiges:
20 + 100 + 10 g Butter (130 g)
1 Ei
220 g Weizenmehl
1 TL Backpulver
60 g Pecannüsse
1 EL Tomatenmark
40 g brauner Rohrzucker
½ TL geriebene Muskatnuß
Sojasauce, Tabasco, Salz

Zubereiten

Pfanne: 20 g Butter erhitzen, das Filet rundherum kräftig anbraten, aus der Pfanne heben. 2 EL Zitronensaft mit 1 EL Sojasauce, einem Spritzer Tabasco und 1 EL Tomatenmark vermischen, Filet rundherum damit bestreichen, etwa 2 Std. im Kühlschrank ziehen lassen.

Inzwischen in einem großen Topf reichlich Wasser mit Salz zum Kochen bringen. Die äußeren Blätter vom Eisbergsalat waschen, die inneren nur abtrennen (sie liegen so eng an, daß sie nicht verschmutzt sein können). Portionsweise 1 Min. im Salzwasser blanchieren, in einem Sieb abtropfen lassen, restliche Flüssigkeit ausdrücken.

Für den Teig 100 g Butter mit 40 g Rohrzucker cremig rühren, bis sich der Zucker gelöst hat. Dann 1 Ei, ½ TL Salz und ½ TL Muskatnuß unterrühren.

Die Bananen schälen, mit dem Blitzhacker fein pürieren. 220 g Mehl mit 1 TL Backpulver mischen, im Wechsel mit Bananenmus unter den Teig rühren.

Die Pecannüsse fein hacken, ebenfalls unter den Teig ziehen.

1

► Backofen auf 190° vorheizen.

1 Das Filet völlig mit den blanchierten Salatblättern umhüllen, andrücken.

Die Form mit 10 g Butter fetten, ⅔ des Teiges einfüllen.

2 Das Filet in die Mitte legen, etwas hineindrücken und mit dem restlichen Teig bedecken.

2

3

▶ Auf der mittleren Schiene in den Backofen schieben, 1 Std. backen (Umluft: 165°). In der Form 5 Min. abkühlen lassen.

3 Behutsam herausstürzen.

Anrichten

Das Kastenbrot in 2 cm dicke Scheiben schneiden, mit Karibischem Salat garnieren.

Ideen

- Kleine Portionsförmchen mit Teig füllen, je ein scharf gewürztes Hackfleischbällchen in den Teig versenken.
- In die Mitte nicht Fleisch, sondern Fischfilet packen. Zuvor behutsam in kurz blanchierten, gut ausgedrückten Spinat einwickeln.
- Oder: Putenbrustfilet. Ein dickes Stück der Länge nach halbieren, anbraten und kräftig mit Tabasco oder Cayennepfeffer gewürzt marinieren.
- In einer Gugelhupfform backen und mit dem karibischen Salat füllen.
- Muskat ist hier das Gewürz, das dem Gericht seinen typischen Charakter gibt. Auf den Trauminseln wachsen schließlich fast alle bekannten und begehrten Gewürze, die früher mit Gold aufgewogen wurden. Und Muskat ist eines, das sogar neutralen Gerichten einen exotischen Pfiff verleihen kann. Die vom Samenmantel (der sogenannten Muskatblüte oder Macis) befreiten Samen (nicht ganz im Sinne der Botaniker als »Nüsse« bezeichnet) werden getrocknet und zum Schutz gegen Schädlinge und Schimmel in Kalkmilch getaucht (das ist der weißliche Überzug). Muskat sollte man immer frisch reiben, die enthaltenen ätherischen Öle verfliegen sehr rasch. Noch feiner und milder ist das Aroma des Samenmantels, der Macis. Dies wird jedoch fast immer bereits gemahlen angeboten (kleine Packungsgrößen nehmen).
- Süß schmeckt's natürlich auch: Teig mit mehr Zucker zubereiten, in Springform füllen und mit Bananenstückchen belegen. Nach dem Backen die Torte mit Rum-Aprikosenkonfitüre glasieren und mit Mandelblättchen bestreuen. Oder mit Kokosraspeln (hierfür möglichst von einer Kokosnuß selbst gerieben) bestreuen.

Kreolenreis

Mit Gemüse, Krabben und Kasseler gedünsteter Reis, kroß geröstet

Als warmer Eintopf und kalter Salat gleichermaßen geeignet: pikant, leicht und doch sättigend.

Auf einen Blick

8–10 Portionen

Besonderes Gerät: Küchenpinsel.

Dauert insgesamt: 1 Std. 5 Min.
Dabei zu tun: 30 Min.
Herd / Ofen: 30 / 25 Min.

Dazu servieren: Eventuell einen grünen Salat.

Getränketip: Coco-Cream, Ananas-Granat, fruchtiger Rosé.

Pro Portion: 2200 kJ/520 kcal

Einkaufen

Fisch & Fleisch:
500 g Krabben (frisch oder tiefgefroren)
500 g mageres Kasseler

Gemüse:
2 Knoblauchzehen
2 Zwiebeln
1 + 2 Zitronen
1 Bund Frühlingszwiebeln
1 Bund glatte Petersilie

Sonstiges:
600 g Langkornreis (parboiled)
2 + 2 + 2 EL Olivenöl (6 EL)
1 l Hühnerbrühe (Instant)
100 g getrocknete Mangos
100 g Cashewnüsse
1 EL rosa Pfefferkörner
Pfeffer aus der Mühle

Zubereiten

Je 2 Knoblauchzehen und Zwiebeln abziehen, halbieren und fein würfeln.

Großer Topf: 2 EL Olivenöl erhitzen, Zwiebeln und Knoblauch darin anbraten. 600 g Reis und 1 EL rosa Pfefferkörner zugeben, andünsten, 1 l Hühnerbrühe angießen.

1 Getrocknete Mangos (100 g) in kleine Würfel schneiden, ebenfalls zugeben, alles aufkochen lassen und dann bei kleiner Hitze 30 Min. quellen lassen.

▶ Backofen auf 240° anheizen.

Inzwischen 1 Zitrone auspressen und den Saft über 500 g Krabben träufeln. 500 g Kasseler in feine Streifen schneiden. 1 Bund Frühlingszwiebeln putzen, waschen und in dünne Ringe schneiden.

Ein Backblech mit 2 EL Olivenöl bepinseln, den ausgequollenen Reis darauf verteilen und mit Krabben, Kasseler, 100 g Cashewnüssen und Frühlingszwiebeln bestreuen, mit 2 EL Öl beträufeln.

▶ In den heißen Backofen schieben und 25 Min. überbacken (Umluft: 210°, 25 Min.).

Die 2 übrigen Zitronen in Scheiben schneiden, halbieren. 1 Bund Petersilie hacken.

Anrichten

Eine runde, große Platte rundherum mit Zitronenscheiben auslegen, mit Petersilie bestreuen. Den Reis in der Mitte auftürmen und mit Pfeffer übermahlen.

1

Ideen

- Den Reis statt in Hühnerbrühe in Krebsbrühe kochen.
- Safran mitkochen und noch Muscheln unter den Reis mischen: dann wird's spanisch.
- Kleinere Portionen kann man auch in der Pfanne aufbraten und mit geschlagenem Ei mischen.
- Sehr dekorativ: als Timbale. Dazu Weißreis nehmen (der klebt besser) und die Mischung in kleine Förmchen drücken, stürzen und mit Krabben dekorieren.
- Weniger karibisch, aber raffiniert: Ein Drittel Wildreis kochen und statt Krabben und Kasseler kleine Champignons und Pfifferlinge mitbraten.

Kalter Limetten-Putenbraten

1

2

3

4

Mit Rum und Limetten marinierte Putenbrust mit Papayasauce

Eine sehr kalorienarmes, frisches Gericht. Der säuerliche Charakter wird durch die süßliche Sauce neutralisiert. Gut vorzubereiten: Der fertige Braten kann über Nacht im Kühlschrank gelagert werden.

Auf einen Blick

8–10 Portionen

Besonderes Gerät: Pürierstab (Blitzhacker); Gemüse-Hobel; extra starke Alufolie.

Dauert insgesamt: 1 Std. 30 Min. (plus 1 Std. Marinierzeit und 1–6 Std. Kühlzeit)
Dabei zu tun: 25 Min.
Herd/Ofen: 5 Min./1 Std. 10 Min.

Dazu servieren: Gemüsegratin (S. 60), Ofenkartoffeln oder Okrapudding (S. 37).

Getränketip: leichter Weißwein oder Rosé.

Bei 10 Portionen pro Portion: 2300 kJ/550 kcal

Einkaufen

Fleisch:
2,5 kg Putenbrust am Stück

Gemüse:
1 Bund Petersilie
4 + 1 Limetten
1 reife Papaya (ersatzweise 1 kleine Dose)
Zitronenmelisse zum Garnieren

Sonstiges:
3 + 2 EL Olivenöl
4 EL weißer Rum
1 TL Tabasco
1 EL brauner Rohrzucker
2 EL tropischer Fruchtlikör
1 EL schwarze Sesamsamen
Salz

Zubereiten

Das Bund Petersilie waschen, Blättchen von den Stengeln zupfen und mit 3 EL Olivenöl, 1 TL Salz, 4 EL Rum und 1 TL Tabasco mit dem Pürierstab pürieren.

1 Diese Creme fest in den Putenbraten massieren, 1 Std. einziehen lassen.

► Nach 45 Min.: Backofen auf 200° anheizen.

Starke Alufolie auf der blanken Seite mit 2 EL Öl einfetten. Den Braten darauf legen.

2 Mit dem Hobel 4 Limetten in dünne Scheiben hobeln, wie Schuppen rund um den Braten legen.

3 Braten einwickeln. Folie oben und an den Seiten dicht verschließen.

► Braten auf dem Rost in den Ofen schieben (Umluft: 175°), 70 Min. garen. Dann herausnehmen, 10 Min. nachziehen lassen.

4 Die Folie öffnen, den Saft in eine Kasserolle gießen, auf 6 EL Flüssigkeit einkochen.

1 Papaya halbieren, entkernen, das Fruchtfleisch herauslösen. Mit 1 EL Rohrzucker, 2 EL Likör und Bratensaft sehr fein pürieren. Putenbraten wieder in Folie wickeln, 1–6 Std. kalt stellen, die Sauce ebenfalls.

Anrichten

Limettenscheiben entfernen, Braten in dünne Scheiben schneiden, mit Zitronenmelisse und Scheiben von 1 Limette garnieren. Sauce mit 1 EL Sesamsamen bestreuen.

Ideen

- Schnelle Idee: Braten mit fertiger, weicher Kräuterbutter einstreichen, mit eingelegten Weinblättern umwickeln.
- Witzig: Putenbraten mit Möhrenstäbchen und Streifen von magerem, rohen Schinken spicken.
- Putenkassler nehmen, garen wie oben und in Tomatengelee gießen.
- Die Pecanfülle vom Hühnerrezept (Seite 38) auf den Braten streichen, in Blätterteig hüllen und backen.
- Zu einem Sauerbraten umfunktionieren: In einem Zitronen-Rum-Wasser-Knoblauchsud 2 Tage ziehen lassen, dann mit Speck umwickelt braten.

Gemüsegratin mit Kokosschnee

Gemüsegratin, mit Kokosschnee überbacken

Eine saftige, überraschende Mahlzeit, die auch als Beilage fungieren kann.

Auf einen Blick

8–10 Portionen

Besonderes Gerät: tiefes Backblech.

Dauert insgesamt: 2 Std.
Dabei zu tun: 1 Std. 15 Min.
Herd / Ofen: 55 / 30 Min.

Dazu servieren: Orangensteaks (S. 41), Limettenbraten (S. 59) oder einen frischen Salat aus Lollo rosso mit Ananas.

Getränketip: leichter Rosé oder Rotwein.

Bei 10 Portionen pro Portion: 3000 kJ/710 kcal

Einkaufen

Fleisch:
200 g durchwachsener Räucherspeck

Gemüse:
700 g Möhren
4 Zwiebeln
4 grüne Peperoni
1 kg Fleischtomaten
2 Knoblauchzehen

Sonstiges:
25 + 25 g Butter
500 g Maisgrieß
½ l süße Sahne
4 Eier
150 g Kokosraspel
Salz, Pfeffer

Zubereiten

Möhren (700 g) waschen, schälen, in kleine Würfel schneiden.

1 Zwiebeln pellen, ebenfalls würfeln. 200 g Speck fein würfeln.

In mittlerem Topf: 25 g Butter schmelzen, die Speckwürfel drin auslassen, Möhren- und Zwiebelwürfel zugeben und zugedeckt 15 Min. dünsten.

Dann den Mais zugeben, mit ½ l Sahne und 1 l Wasser aufgießen, zum Kochen bringen, mit Salz und Pfeffer würzen. Bei kleiner Hitze unter Rühren offen 30 Min. quellen lassen.

Die Tomaten (1 kg) 10 Sekunden in kochendheißes Wasser tauchen, häuten und entkernen. Das Fruchtfleisch in kleine Stücke schneiden.

Die 4 Peperoni waschen, Stiele, Kerne und Zwischenwände entfernen, Schoten fein würfeln. 2 Knoblauchzehen hacken.

2 Knoblauch, Peperoni und Tomaten unter den Maisbrei ziehen.

► Backofen auf 200° anheizen.

Die 4 Eier trennen, Eigelbe unter den Mais mischen. Ein Backblech mit 25 g Butter bestreichen.

Die Maismasse auf dem Blech verteilen, glattstreichen.

3 Die 4 Eiweiß steif schlagen. 150 g Kokosraspel unterziehen und auf dem Gratin verteilen.

► Auf der mittleren Schiene in den heißen Backofen schieben, 30 Min. lang gratinieren (Umluft: 175°, 30 Min.).

1

2

3

4 

Anrichten

4 Am besten direkt vom Blech portionieren. Oder in Stücke schneiden und auf einer Platte anordnen.

Ideen

- Maisgrieß gibt es in verschiedenen Körnungen in der Bioabteilung oder im Reformhaus als Kukuruz oder Polenta. Je nach Körnung benötigt er bis zu 45 Min. zum Ausquellen (beim Gratinieren quillt er noch weiter, deshalb muß er nicht ganz weich sein). Es gibt auch einen vorgegarten Polentagrieß, der bereits nach 5 Min. fertig ist.
- Cashewnüsse rösten, hacken, unter den Mais ziehen. Den Brei in eine Ringform drücken, nach dem Backen stürzen, mit brauner Rum-Butter begießen (dafür Süßrahmbutter bei mittlerer Hitze haselnußfarben bräunen, mit einem Schuß Rum ablöschen).
- Aus der Maismasse kleine Küchlein formen und in heißem Palmfett ausbacken.
- Sehr dekorativ: Von einer großen Kürbishälfte das Fruchtfleisch ausstechen und garen. Mit Maisbrei in die Hälfte füllen, wie im Originalrezept überbacken.
- Statt Speck: feine Streifen Rindfleisch anbraten.

Feurige Fischsuppe mit Muscheln, Bataten, Kürbis und Avocadomus

Ihren Reiz bekommt diese Suppe durch die typischen Gewürze und die exotischen Gemüsezutaten. Mit viel Baguette ein sättigendes Gericht, aber auch als Vorsuppe denkbar.

Auf einen Blick

10 Portionen

Besonderes Gerät: Kartoffelpresse.

Dauert insgesamt: 2 Std. 20 Min.
Dabei zu tun: 35 Min.
Herd: 2 Std.

Dazu servieren: Baguette mit Knoblauchbutter oder Aïoli (Knoblauchpaste; siehe »Ideen«, S. 28).

Getränketip: ländlich-trockener Weißwein.

Pro Portion: 1500 kJ/360 kcal

Einkaufen

Fisch:
2 kg Fischabschnitte (also Reste vom Filieren – gibt's beim Fischhändler)
500 g ungeschälte Tiefseegarnelen
500 g Miesmuscheln

Gemüse:
1 + ½ unbehandelte Zitronen
2 Zwiebeln
2 Knoblauchzehen
400 g Bataten (Süßkartoffeln)
100 g grüne Oliven (mit Mandeln gefüllt)
500 g frischer Kürbis (oder 1 Glas eingelegter, 400 g Einwaage)
3 grüne Peperoni
2 Avocados
1 Bund glatte Petersilie

Sonstiges:
10 Pimentkörner
10 Pfefferkörner
1 Lorbeerblatt
1 TL Tabasco
3 EL Essig
2 EL Rohrzucker, Salz

Zubereiten

Großer Topf: 2 kg Fischabschnitte hineingeben (am besten wäre ein Schnellkochtopf), 2 l Wasser aufgießen.

1+2 Garnelen (500 g) schälen, Abfälle ebenfalls in den Topf füllen. 10 Piment-, 10 Pfefferkörner, Salz und 1 Lorbeerblatt zufügen. 1 Zitrone mehrfach einstechen. 2 Zwiebeln und 2 Knoblauchzehen grob zerschneiden, mit der Zitrone in die Brühe legen.

Die Brühe aufkochen, 2 Std. leise köcheln (im Schnellkochtopf auf Stufe 2 nur 30 Min.).

Inzwischen 400 g Bataten waschen, in wenig Wasser garen (Garzeiten ähnlich wie Kartoffeln 20–30 Min.).

500 g Muscheln sauber bürsten und entbarten (geöffnete wegwerfen).

Muscheln in ½ l Wasser köcheln, bis sie sich öffnen (etwa 7 Min.), abgießen.

3 Die garen Bataten schälen und heiß durch die Kartoffelpresse drücken.

4 Das Muschelfleisch aus den Schalen lösen.

1

2

3

4

5

Die Fischbrühe durch ein Sieb gießen, den Sud wieder in den großen Topf füllen.

5 Den Kürbis (500 g) in Scheiben schneiden und einfache Formen ausstechen. 5 Minuten im Sud köcheln lassen.

Garnelen, 100 g Oliven, Muscheln und Batatenmus hineinrühren und erwärmen. (Kürbisstücke aus dem Glas: rausheben, einige zur Dekoration beiseite legen, die übrigen in der Brühe erhitzen.)

Mit Tabasco, 3 EL Essig, 2 EL Rohrzucker und Salz scharf abschmecken.

Blättchen von 1 Bund Petersilie abzupfen, einige beiseite legen, die übrigen sehr fein hacken. ½ Zitrone auspressen. 2 Avocados halbieren, Kerne herausheben, das Fruchtfleisch auslöffeln, mit Zitronensaft pürieren. Petersilie unterrühren.

Anrichten

Suppe mit Petersilienblättchen und Garnelen dekorieren. Das Avocadopüree zum Einrühren dazu reichen.

Ideen

- Die Suppe zum Eintopf machen: mit Reis und kurz mitgegarten Fischfiletwürfeln.
- Einen ganz anderen Charakter bekommt die Suppe, wenn Sie eine Packung passierte Tomaten zufügen und mit Thymian und Basilikum abschmecken.
- Ziehen Sie fein geriebenen Parmesan unter die Suppe – das ergibt eine pikante Note.
- Sie können die Einlage auch noch bunter gestalten: Fischklößchen, Tintenfisch und auch Räucherfisch machen sie noch interessanter.

RINO
PISANG AMBON
LIQUEUR
0,7l-22%VOL
1986
19% vol.

ED. WÜSTHOF DREIZACKWERK
TRIDENT SOLINGEN GERMANY INOX
4522/20cm

So wie der Aperitif ein Essen einleitet, beschließt der Digestif ein Menü. Er ist süß, oft konzentrierter und alkoholreicher als ein Aperitif. Denn er soll ja die Verdauung unterstützen...

Die Gläser für einen Digestif sind oft etwas kleiner, zum Beispiel Schalen oder andere verspielte Formen.

Auf einen Blick

4 Portionen

Besonderes Gerät: Espressomaschine (für Brown Coffee); Rührglas; Eismühle; Sieb; Mulltuch; Shaker.

Wird immer gebraucht: Eiswürfel; eventuell exotische Früchte zum Garnieren.

Brown Coffee

Dieser Kaffeedrink kann gut den Mokka nach dem Menü ersetzen.

100 ml süße Sahne
Mokkapulver
Brauner Rum
6 cl Rohrzuckersirup
Tia Maria
1 TL Vanillezucker
Kakaopulver zum Verzieren

Vier Tassen starken Mokka kochen und abkühlen lassen. Mit 6 cl Rohrzuckersirup mischen.

100 ml süße Sahne mit 1 TL Vanillezucker steif schlagen.

Rührbecher: Mokka mit 8 cl Rum und 8 cl Tia Maria verrühren.

In 4 große, bauchige Gläser je 2 Eiswürfel geben, Mokkamix draufgießen.

Sahne auf den Drinks verteilen und mit Kakaopulver bestäuben.

Frappé Royal

Viel Eis – wenig Alkohol. Das ist im Prinzip ein Frappé.

1 kleine Ananas
1 unbehandelte Orange
5 cl Rohrzuckersirup
Pomeranzen Bitter
Sekt zum Aufgießen

Ananas schälen, vierteln, Strunk herausschneiden, Saft dabei auffangen. Fruchtfleisch pürieren, aufgefangenen Saft zugeben. Mit 5 cl Zuckersirup verrühren. In Eiswürfelschale einfrieren.

Schale der Orange spiralig abschälen. In schmale Streifen teilen.

Ananaseiswürfel durch die Eismühle drehen, in 4 Sektschalen verteilen. Je 1 Spritzer Pomeranzen Bitter drübergeben, mit kaltem Sekt aufgießen.

Mit Orangenschale garnieren.

Mango Cobbler

Cobbler zeichnen sich durch viel Hageleis und Frucht aus. Hier mit Mango und Obstspieß.

1 reife, sehr dicke Mango
Weißer Rum
1/4 l Tropennektar (gekühlt)
Ginger Ale zum Auffüllen
Tropenfrüchte zum Garnieren (Karambole, Limette, Melone)

1 Die Mango dünn schälen.

2 Fruchtfleisch mit Kugelausstecher vom Kern lösen (oder in kleine Stücke schneiden).

Mit 8 cl Rum im Kühlschrank 2 Std. ziehen lassen.

Eis stoßen, 4 Sektschalen zum Drittel damit füllen, Mangokugeln und 1/4 l Tropennektar verteilen und mit Ginger Ale aufgießen.

Tropenfrüchte (in Kugeln oder Stücken) auf Spieße stecken.

Fruchtspieße über die Gläser legen, mit Löffeln servieren.

1

2

3

4

Rainbow special

Dieser bunte Cocktail ist ein »pousse-café«, der nach dem Kaffee gereicht wird.

Bananensirup
Grenadine
Batida de Coco
Curaçao Blue

Als unterste Schicht Bananensirup in Glas gießen.

3 Behutsam über einen Löffelrücken, der knapp in den Sirup eintaucht, Grenadine drauf füllen. Drüber Batida, mit Curaçao enden. Vorsichtig, damit sich die Schichten klar trennen.

Mit Strohhalm, um die Schichten nacheinander zu trinken.

Pink Flamingo

Samtig-weicher Drink mit wenig Alkohol und viel Kokosaroma.

1 Dose Kokoscreme
8 cl Grenadinesirup
Batida de Coco
Weißer Rum
Kokosraspel

Kokoscreme auf 400 ml mit Wasser auffüllen.

4 Longdrinkgläser mit dem Rand in Rum tauchen.

4 Danach sofort in Kokosraspel drücken – so entsteht der Kokosrand.

Pro Glas 100 ml Kokosmilch, 2 cl Grenadine und 4 cl Batida in den Shaker mit Eis gießen, schütteln und in die Gläser verteilen.

Mit oder ohne Strohhalm servieren. Wer aus dem Glas trinkt, kommt in den Genuß der Kokosraspel!

Ideen

Zu Brown Coffee:

- Als Dessert: statt Eiswürfel je 2 Bällchen Vanilleeis in die Gläser füllen.
- Schnell: Instant-Espresso in wenig heißem Wasser auflösen, mit Eiswasser auffüllen.
- Apart: halb Kaffee, halb Orangensaft, statt Rum und Orangenlikör. Die Sahne dann mit Zimt bestäuben.

Zu Frappé Royal:

- Karibischer, wenn Sie statt Sekt je 4 cl Rum aufgießen.
- Gemahlenes Wassereis mit je 4 cl Curaçao Blue, Kiwi Wonder oder Tropenfruchtlikör aufgießen.

Zu Mango Cobbler:

- Alkoholfrei: Mangokugeln mit Mark von 1 Maracuja mischen.
- Dessert: mit halbsteif geschlagener Sahne statt Ginger Ale auffüllen.

Zu Rainbow special:

- Faustregel: je mehr Alkohol der Likör enthält, desto leichter, je mehr Zucker, desto schwerer. Probieren Sie munter mit bunten Likören Ihrer Hausbar!

Zu Pink Flamingo:

- Statt Grenadine und Batida: 4 cl Cassis zufügen.
- Ganz toll machen sich Curubas in dem Drink: Das Fruchtfleisch von 2 Früchten mit dem Pürierstab kurz zerkleinern, durch ein Sieb passieren, zum Drink geben.
- Besonders luxuriös schmeckt der »rosa Vogel« mit frischem Fruchtmark. Dazu 150 g Himbeeren durch ein Sieb passieren und das Mark statt Grenadine zur Kokosmilch geben.

Bananen-Pecan-Baba

Mit Rum getränkter Bananen-Pecannuß-Ring

Reiches Dessert.

Der Kuchenring wird ohne Mehl gebacken und nimmt deshalb den Rum besonders gut auf. Gefüllt wird er mit tropischem Fruchtsalat. Ein dekoratives Dessert, das auch für den Nachmittag zum Tee gut ist.

Auf einen Blick

4 Portionen

Besonderes Gerät: Babaform (am besten beschichtet; oder Reisrandform); Nußmühle.

Dauert insgesamt: 1 Std. 30 Min.
Dabei zu tun: 40 Min.
Backofen: 50 Min.

Dazu servieren: Sahne mit Vanillezucker (im Rezept).

Getränketip: Frappé Royal.

Pro Portion: 4500 kJ/1100 kcal

Einkaufen

Obst:
1 reife Banane
1 Orange
1 kleine Ananas
1 Mango
1 Limette

Sonstiges:
80 g Zucker
6 Eier, getrennt
130 g geschälte Pecannüsse
1 EL Speisestärke
2 EL Butter
1 + 2 EL Vollrohrzucker
100 ml brauner Rum
200 ml süße Sahne (gekühlt)
1 Päckchen echter Vanillezucker

Zubereiten

Die Banane schälen und mit dem Blitzhacker fein zermusen. In eine Schüssel füllen, 80 g Zucker und 6 Eidotter zufügen, zu weißschaumiger Creme schlagen.

► Backofen auf 180° anheizen.

130 g Pecannüsse fein reiben, mit 1 EL Speisestärke unter die Dottermasse ziehen.

1 Die 6 Eiweiße sehr steif schlagen, unterheben.

Eine Babaform mit 2 EL Butter dick ausstreichen. Teig einfüllen und die Form in den heißen Backofen (mittlere Schiene) schieben.

► Etwa 50 Min. backen (Umluft: 165°, 50–55 Min.).

2 Danach 5 Min. ruhen lassen, auf ein Kuchengitter stürzen.

1 EL Rohrzucker in 100 ml warmem Wasser auflösen, dann 100 ml Rum dazugeben.

3 Baba auf eine tiefe Platte setzen und nach und nach mit der Rumlösung tränken.

4 Die Orange bis aufs Fruchtfleisch schälen, die Segmente zwischen den hellen Trennhäuten herausschneiden.

Die Ananas schälen, in Scheiben schneiden. Harten Kern herausstanzen und die Ringe in Stücke schneiden.

5 Mango schälen, Fruchtfleisch in Stücken vom Kern schneiden und würfeln.

1 Limette halbieren, in hauchdünne Scheiben schneiden. Alle Fruchtstücke mit insgesamt 2 EL Vollrohrzucker bestreuen.

200 ml süße Sahne mit 1 Päckchen echtem Vanillezucker halbsteif schlagen.

Anrichten

Fruchtsalat im Inneren des Baba anrichten. Den Kuchen selbst nach Belieben noch mit einigen Früchten dekorieren. Die Vanillesahne dazu reichen.

Ideen

- Portionsbabas in kleinen Ringförmchen backen – das sieht noch mehr nach Dessert aus.
- Baba in Weiß: mit erwärmter Kiwikonfitüre glasieren und dick mit Kokosflocken bestreuen.
- Den Babateig in einer Springform als Tortenboden backen und danach mit Rum tränken, mit Früchten belegen. Eine karibische Obsttorte!
- Statt Pecannüssen geriebene Kokosnuß nehmen und mit Batida de Coco statt mit Rum tränken.
- Wenn Sie keinen echten Vanillezucker bekommen: 1 Vanilleschote aufschlitzen, Mark herauskratzen. Schote mit Mark in 8 EL Wasser mit 4 EL Zucker aufkochen. 2–3 EL von dem abgekühlten Sirup zum Süßen verwenden.

1

2

3

4

5

1

2

3

Aufgeschlagener Limetten-Bananen-Schaum

Schaumig-leichter Nachtisch.

Die Creme erhält ihren Stand lediglich durch Eier und hat deshalb eine cremig-fließende, luftige Konsistenz.

Auf einen Blick

4 Portionen

Besonderes Gerät: Schneebesen; Wasserbad (Bain Marie; Metallschüssel, in Topf passend).

Dauert insgesamt: 30 Min. (plus 4 Std. Kühlzeit)
Dabei zu tun: 30 Min.
Herd: 15 Min.

Dazu servieren: Cigarettes Russes (Schokoladenstäbchen).

Getränketip: Rainbow special, halbtrockener Sekt.

Pro Portion: 1200 kJ/290 kcal

Einkaufen

Obst:
3 + 1 Limetten (nur im Notfall kleine, möglichst noch grüne Zitronen nehmen, eine davon unbehandelt)
1 reife Banane

Sonstiges:
3 Eier
80 g Zucker
1 EL Rum

Zubereiten

3 Limetten halbieren, auspressen (sie sollen etwa 100 ml Saft ergeben).

Die 3 Eier trennen, Eigelbe in ein Wasserbad geben (ersatzweise in eine Metallschüssel, die in einen Topf paßt), mit 80 g Zucker verrühren und den Limettensaft (1 TL voll aufheben) mit 1 EL Rum zugeben.

Die Eiweiße mit einigen Tropfen Limettensaft sehr steif schlagen.

1 Im kochendheißen Wasserbad mit dem Schneebesen die Dottermasse so lange schlagen, bis sie weißlich und dicklich wird.

2 Dann sofort ganz heiß unter den Eischnee ziehen.

Die Banane schälen, 100 g davon abwiegen, pürieren (oder mit einer Gabel ganz fein zerdrücken) und ebenfalls unterheben.

In Portionsschälchen füllen und mindestens 4 Std. kalt stellen.

3 Kurz vor dem Servieren von der übrigen Limette die Schale fein abreiben.

Die Frucht in dünne Scheiben schneiden, diese halbieren und die Creme damit dekorieren.

Anrichten

Mit der feingeriebenen Limettenschale bestreuen. Nach Belieben Cigarettes Russes dazu reichen.

Ideen

- Statt Limettensaft Orangenblütenwasser aus der Apotheke nehmen und mit 1 EL Orangenlikör aromatisieren.
- Typischer und würziger süßt man mit Zuckerrohrgranulat. Allerdings wird der Schaum dadurch etwas bräunlicher.
- Der Schaum läßt sich natürlich auch mit anderen Säften herstellen. Besonders karibisch wäre der Saft von Ananas, Papaya, Mango oder Maracuja.
- Sehr schick: mit dem Saft von Blutorangen. Die gibt es aber nur kurze Zeit im Winter.
- Rassig: Kaffeecreme. Statt der Banane 4 EL Crème double unterziehen – den Saft durch 100 ml Espresso ersetzen.
- Statt der Banane einige Löffel Kokosnußcreme unterziehen.
- Wenn Sie in der heißen Dottermasse 4 Blatt weiße Gelatine (eingeweicht und fest ausgedrückt) auflösen, können Sie sie nach dem Kühlen stürzen und mit einer Frucht- oder Sahnesauce überziehen. Dann heißt dieses Dessert nicht mehr »Schaum«, sondern »Marquise«.

Rum-Sabayon mit Orange

Sabayon von Rum mit Orangenschale auf Orangenfilets

Aufwendiges Dessert.

Kontrastreich und erfrischend, es muß aber im letzten Augenblick zubereitet werden, sonst fällt die Pracht zusammen.

Auf einen Blick

4 Portionen

Besonderes Gerät: Zitronenschalenreißer (Orangenschäler); Reibe; Wasserbad (siehe linke Seite); Schneebesen.

Dauert insgesamt: 25 Min.
Davon zu tun: 25 Min.
Herd: 15 Min.

Dazu servieren: Marzipankonfekt oder Petit Fours.

Getränketip: Sekt oder erst hinterher einen Espresso.

Pro Portion: 2100 kJ/500 kcal

Einkaufen

Obst:
4 Orangen, davon eine unbehandelt

Sonstiges:
4 Eier (nur die Eigelbe werden benötigt)
2 EL Danziger Goldwasser (oder Fruchtlikör, Amaretto)
50 g Rohrzucker
80 ml brauner Rum
Pfeffer aus der Mühle
1 Prise Nelkenpulver

Zubereiten

Die 4 Eier trennen, Eiweiße anderweitig verwenden. 1 unbehandelte Orange heiß waschen, abtrocknen.

1 Die Hälfte der Schale mit einem Schalenreißer in zarten Streifen abziehen (zum Verzieren zur Seite legen).

Die andere Hälfte der Schale fein abreiben.

Dann alle 4 Orangen bis aufs Fruchtfleisch abschälen, die einzelnen Filets zwischen den hellen Trennhäuten herausschneiden.

Die Orangenfilets mit 2 EL Danziger Goldwasser beträufeln und mit einem Hauch Nelkenpulver und Pfeffer überstreuen.

Die fein geriebene Orangenschale mit den 4 Eigelb, 50 g Rohrzucker und 80 ml braunem Rum in das Wasserbad füllen.

Über leise siedendem Wasser so lange und ausdauernd mit dem Schneebesen aufschlagen, bis die Masse dicklich und schaumig ist. Aufpassen, daß es kein »Rührei« gibt. Sofort vom Wasserbad nehmen und noch einen Augenblick weiterschlagen, bis der Schaum etwas abgekühlt ist.

Anrichten

Sabayon in die Mitte der Teller gießen, mit den marinierten Orangenfilets und den Orangenschalenstreifen verzieren und sofort zu Tisch geben.

1

Ideen

- Sabayon in zwei ausgehöhlte Ananashälften füllen.
- Sabayon mit Orangensaft herstellen und die Orangenfilets in braunem Rum marinieren.
- Nach diesem Grundrezept könnte man auch eine »Rum Bavaroise« herstellen. Dazu 6 Blatt weiße Gelatine zum Eischaum geben und kühl stellen. Kurz vor dem Erstarren den Schnee von 2 Eiweiß und 200 ml Schlagsahne unterziehen.
- Für eine Charlotte die Menge auf 8 Blatt Gelatine erhöhen, den Boden einer Charlotteform mit Orangenfilets, die Seiten mit Biskuit auslegen. Mit Creme und Orangenstückchen füllen. Nach 6–8 Std. stürzen.

Crème Caramel au Coco

Kokospudding mit Karamelsauce

Klassisches Dessert.

Die bekannte Crème Caramel bekommt durch den Kokosgeschmack einen ganz neuen, eigenen Charakter. Ausgesprochen leicht!

Auf einen Blick

4 Portionen

Besonderes Gerät: 4 Crème-Caramel-Förmchen (oder Tassen; etwa ⅛ l Inhalt); großer, flacher Topf.

Dauert insgesamt: 1 Std. (plus 1 Std. Kühlzeit)
Dabei zu tun: 25 Min.
Herd: 1 Std.

Dazu servieren: tropische Früchte (siehe »Ideen«).

Getränketip: Brown Coffee oder danach ein Kaffee mit Rohrzukkerwürfeln.

Pro Portion: 1900 kJ/450 kcal

Einkaufen

Sonstiges:
200 ml Milch
50 g Kokosraspel
50 + 70 g Zucker
1 Ei
2 Eigelb
1 TL Pflanzenöl
einige Tropfen Zitronensaft

Zubereiten

Kleiner Topf: Milch (0,2 l) mit 50 g Kokosraspeln erhitzen, aber nicht zum Kochen bringen. Etwa 1 Std. abkühlen lassen.

Dann die Masse in ein Mulltuch gießen, die abfließende Kokosmilch auffangen. Die Kokosraspel auspressen, indem Sie das Tuch fest zusammendrehen.

Kokosmilch mit 50 g Zucker, 1 ganzen Ei und den 2 Eigelb gründlich verrühren.

Die 4 Förmchen mit 1 TL Öl ausstreichen, bereitstellen.

In einem Kupferpfännchen (oder heller Kasserolle): 70 g Zucker mit 1 TL Wasser anfeuchten, unter Rühren erhitzen, bis der Zucker zu bräunen beginnt . Dann das Pfännchen in kaltes Wasser halten, damit der Bräunungsprozeß gestoppt wird und der Zucker nicht verbrennt.

Mit dem noch flüssigen Karamel die Förmchen ausschwenken, so daß sie innen gänzlich mit der Zuckermasse bedeckt sind.

Erstarren lassen. Dann die Kokos-Eiermilch auf die Förmchen verteilen.

1 Förmchen in einen flachen Topf oder eine Pfanne mit hohem Rand stellen, soviel Wasser einfüllen, daß der Förmchenrand 1–2 cm über dem Wasserspiegel steht. Zum Kochen bringen, Topfdeckel auflegen und die Creme bei kleiner Hitze 45 Min. leise köchelnd stocken lassen.

Dann die Förmchen herausheben, den Rand mit einem spitzen Messer lösen. Sofort auf Portionsteller stürzen, die Sauce fließt dabei auf die Teller.

Anrichten

Die Portionen gleich heiß oder auch kalt servieren. Nach Belieben mit Früchten dekorieren.

1

Ideen

- Crème Caramel gehört zu den echten Puddingen. Sie erhalten ihre Bindung durch Eier und werden im Wasserbad gegart.
- Die Eiermilch mit 4 EL in Rum eingeweichten Rosinen anreichern: Sie sinken dann zu Boden und bilden eine aromatische Einlage, die nach dem Stürzen auf der Oberseite zu sehen ist.
- Sehr dekorativ: Cremes auf eine Riesenplatte stürzen, mit mundgerecht zugeschnittenen Tropenfrüchten wie Mango, Papaya, Ananas, Melone und Kokosschiffchen, eventuell auch fertig gekauftem Eis anrichten. Sozusagen als Dessert-Büffet.
- Die gestürzten Cremes mit Rum (58%ig) flambieren.

1

2

3

In Rum marinierte Ananas mit Kokosbaiser

Fruchtiges Dessert.

Süßer Nachtisch, fast schon ein Kuchen. Wird besonders deutlich, wenn er kalt serviert wird (gut vorzubereiten).

Auf einen Blick

4 Portionen

Besonderes Gerät: runde Ausstechform; Handmixer (Schneebesen).

Dauert insgesamt: 45 Min. (plus 1–2 Tage Marinierzeit)
Dabei zu tun: 25 Min.
Ofen: 20 Min.

Dazu servieren: nach Wahl Melonen-Granité oder Sorbet.

Getränketip: Sekt.

Pro Portion: 2500 kJ/600 kcal

Einkaufen

Obst:
1 Ananas
1 Granatapfel zum Dekorieren

Sonstiges:
1 TL Angostura Bitter
⅛ l weißer Rum
2 EL + 40 g Kokosraspel
4 EL Guavenmark (in spanischen Läden zu finden, ersatzweise Hagebuttenmark)
1 Eiweiß
1 TL Zitronensaft
120 g Zucker
200 ml süße Sahne
1 TL Grenadinesirup

Zubereiten

1 Die Ananas schälen, aus der Mitte 4 etwa 3 cm breite Scheiben schneiden (Rest zum Obstsalat verwenden). Harten Strunk in der Mitte mit einer runden Ausstechform entfernen.

2 In ein möglichst genau passendes hohes, schmales Gefäß schichten, dabei jeweils mit etwas Angostura beträufeln. Soviel weißen Rum (etwa ⅛ l) aufgießen, daß die Ringe bedeckt sind. 1–2 Tage ziehen lassen.

Die Ringe abtropfen lassen.

3 Das Backblech mit 2 EL Kokosraspeln bestreuen. Ananasscheiben draufsetzen – die Ringe sollten einen Abstand von etwa 5 cm voneinander haben. Mit 4 EL Guavenmark (oder Hagebuttenmark) füllen.

► Backofen auf 150° anheizen.

Das Eiweiß mit 1 TL Zitronensaft sehr steif schlagen, nach und nach unter weiterem Schlagen 120 g Zucker einrieseln lassen. 40 g Kokosraspel unterheben. Diese Masse auf die Ananasscheiben häufen.

► Backblech in den heißen Ofen schieben, etwa 20 Min. überbacken (Umluft: 135°, 20 Min.).

0,2 l Sahne mit 1 TL Grenadine steif schlagen.

Anrichten

Ananas-Baisers auf Teller gleiten lassen. Die Sahne dazu reichen, mit ausgelöffelten Granatapfelkernen und Kokosraspeln vom Blech bestreuen. Warm oder kalt servieren.

Ideen

- Als Tarte zubereiten: Einen Mürbeteigboden blind vorbacken, mit Guavenmark bestreichen, Ananasringe drauflegen, mit Baisermasse bedecken und fertig backen.
- Sehr dekorativ: Die ganze Ananas vorsichtig aushöhlen, also in Stücken das Fruchtfleisch herausheben, den harten Strunk wegschneiden und die Fruchtstücke marinieren. Zurück in die Hälften füllen und mit Baiser etwa 30 Min. überbacken.
- Baisers extra backen und mit Ananasstückchen und Rum in Dessertgläser schichten.
- Einen Auflauf daraus machen: Das übrige Eigelb mit einem weiteren Ei und 100 g Crème double vermischen, Guavenmark unterrühren, diese Masse mit Ananasstückchen in eine Gratinform füllen, mit Kokosbaiser überziehen und backen.
- Zum »Omelette Surprise« abwandeln: Dazu ganz hart gefrorenes Ananaseis auf gefrostete Ananasscheiben streichen, mit Baisermasse überziehen und für 5 Min. unter den sehr heißen Grill schieben. Sofort servieren.

Blanc Manger von Kokosnuß

Blanc Manger von Kokosnuß auf Mango-Kiwi-Mark

Leichtes Dessert.

Weiße Sülzchen aus Kokosmilch und Sahne, auf gelber Mangosauce und grünem Kiwipüree serviert. Ein leichter, den Magen beruhigender Abschluß, den man am Vortag zubereiten muß.

Auf einen Blick

8 Portionen

Besonderes Gerät: Säge; Sparschäler; Blitzhacker (Nußmühle); Sieb mit Mulltuch; 8 Portionsförmchen oder Tassen zu je gut ⅛ l Inhalt; Pürierstab (Mixer).

Dauert insgesamt: 1 Std. 15 Min. (plus 8 + 6 Std. Kühlzeit)
Dabei zu tun: 50 Min.
Herd: 10 Min.

Dazu servieren: tropische Früchte.

Getränketip: Pink Flamingo, Sekt.

Pro Portion: 1700 kJ/400 kcal

Einkaufen

Obst:
1 Kokosnuß
1 Mango
3 Kiwis
Nach Belieben weitere exotische Früchte zum Garnieren

Sonstiges:
½ l Milch
80 g heller Honig
8 Blatt weiße Gelatine
¼ l süße Sahne
20 + 20 g Puderzucker
1 EL weißer Rum
1 EL brauner Rum
1 Kardamomkapsel (oder ¼ TL gemahlener Kardamom)

Zubereiten

Die Kokosnuß aufsägen. Oder in den auf 240° vorgeheizten Backofen legen und warten, bis die Schale aufspringt. Dann aufbrechen und das Nußfleisch mit einem Messer herausheben.

1 Abwaschen und mit einem Sparschäler die braune Schale abschneiden.

Die Stücke portionsweise im Blitzhacker fein zermusen, dabei löffelweise Milch (von ½ l) zugeben, damit die Masse geschmeidig wird. Das fertige Kokosmus mit der übrigen Milch begießen, 80 g Honig zugeben.

1

Die Kardamomkapsel knacken und 2–3 Körner zur Kokosmasse geben. In einem Topf leicht erhitzen, aber nicht kochen lassen. Dann vom Herd nehmen und möglichst über Nacht ziehen lassen (wenn's schneller gehen soll, genügt auch 1 Std.).

2 Kokosmus durch ein Sieb mit Mulltuch gießen, das Tuch fest zusammendrehen, bis die ganze Flüssigkeit ausgepreßt ist.

Gelatine (8 Blatt) 5 Min. in kaltem Wasser einweichen, fest ausdrücken. In kleiner Kasserolle mit 4 EL Kokosmilch bei kleiner Hitze auflösen. Löffelweise weitere Kokosmilch zugeben und zum Schluß in die übrige kalte Kokosmilch gießen, kalt stellen.

¼ l Sahne halbsteif schlagen. Wenn die Creme zu gelieren beginnt (wenn Sie einen Löffel durchziehen, hinterläßt er eine Spur), die Sahne mit einem Schneebesen unterheben.

2

3

4

Die Masse auf 8 Portionsförmchen verteilen. Etwa 6 Std. kühl stellen.

3 Auf Portionsteller stürzen. Die Förmchen dazu kurz in heißes Wasser tauchen.

4 Nun 3 Kiwis und die Mango schälen. Kiwis in Stücke schneiden. 2–3 zum Dekorieren zur Seite legen, Rest in ein hohes Gefäß (oder Mixer) füllen, 1 EL weißen Rum und 20 g Puderzucker drübergeben. Mit dem Pürierstab zu einer glatten Sauce mixen. In ein Schüsselchen gießen.

Mangofleisch in Stücken vom Stein schneiden, 2–3 Stücke zur Seite legen, den Rest mit 1 EL braunem Rum und 20 g Puderzucker ebenfalls mit dem Pürierstab glatt pürieren.

Anrichten

Um jedes Blanc Manger zur Hälfte gelbe Mangosauce, zur anderen Hälfte grüne Kiwisauce gießen.

Mit Mangospalten und Kiwischeiben verzieren. Nach Belieben noch andere exotische Früchte, in Scheiben oder Stücken, dazulegen.

Ideen

- Wenn's schnell gehen soll, nehmen Sie fertige Kokosraspel (200 g) und weichen sie in Milch ein. Nach dem Auspressen mit 2–3 EL Batida de Coco und Kokoscreme aromatisieren.
- Sehr apart in karamelisierter Version: Dabei Zucker statt Honig nehmen und in einer Pfanne bräunen, mit der Milch aufgießen.
- Verrückt: Die Kokossülze mit etwas Curaçao Blue pastellblau einfärben.
- Kokosmilch in eine Ringform gießen, mit Fruchtsalat füllen und die Saucen rundum verteilen, mit einem Holzstäbchen oder Cocktailspieß dekorativ ineinander ziehen.

Sorbet von Mango und Papaya

1

2

3

Sorbet von Mango und Papaya

Erfrischendes, leichtes Dessert.

Zwei Sorbets, aus gefrorenen Fruchtpürees von Papaya mit Limette und aus Mango mit Maracuja, die auch als Zwischengang gereicht werden können.

Auf einen Blick

4 Portionen pro Sorbet

Besonderes Gerät: Blitzhacker (Mixer); Sorbetière (Eismaschine mit Rührwerk; oder 2 Metallschüsseln, die ins Gefrierfach passen).

Dauert insgesamt: 40 Min. (plus 3–8 Std. Gefrierzeit)
Dabei zu tun: 40 Min.

Dazu servieren: Konfekt oder Petit fours.

Getränketip: Sekt oder Champagner (eventuell Rosé).

Pro Portion: 2400 kJ/580 kcal

Einkaufen

Obst:
2 Mangos
1 Maracuja
2 Papayas
1 Limette (oder 1 kleine Zitrone)

Sonstiges:
100 + 100 g Zucker
2 EL Tropenlikör
2 Eier (nur Eiweiß wird benötigt)
2 EL Orangenlikör
Sekt zum Auffüllen (etwa ½ l)

Zubereiten

Eine Mango schälen, das Fruchtfleisch in Stücken vom Kern schneiden. Mit dem Blitzhacker glatt pürieren.

1 Die Maracuja aufschneiden, Fruchtfleisch samt Kernen zum Mangomus löffeln.

Mit 100 g Zucker so lange rühren, bis er sich gelöst hat. Dann 2 EL Tropenlikör zugeben und mit 1 Eiweiß verrühren.

Mit Sekt auf ½ l auffüllen, in die Sorbetière geben und ins Tiefkühlfach stellen. Nach 3–4 Std. ist dieses Sorbet fest und kann mit dem Eisportionierer zu Bällchen geformt und wieder (in Alufolie gepackt) ins Tiefkühlfach gestellt werden.

Wenn Sie keine Sorbetière haben: Das Fruchtpüree in eine Edelstahlschüssel füllen und ins Gefrierfach stellen.

2 Während des Gefrierens mit dem Schneebesen öfter kräftig durchrühren, damit sich keine großen Eiskristalle bilden.

Wenn Sie das Sorbet in der Schüssel gefrieren, können Sie gleich weiterarbeiten (sonst müssen Sie warten, bis die Sorbetière wieder frei ist).

3 Eine Papaya halbieren, Kerne entfernen, das Fruchtfleisch rauslöffeln; pürieren.

Die Limette auspressen, den Saft zur Papaya geben, mit restlichen 100 g Zucker so lange rühren, bis er sich aufgelöst hat. 2 EL Orangenlikör und das zweite Eiweiß zugeben.
Mit Sekt zu ½ l auffüllen, in die Sorbetière (oder zweite Schüssel) geben und ins Tiefkühlfach stellen. Nach 3–4 Std. ist auch dieses Sorbet fertig.

Anrichten

Lange Streifen aus der zweiten Papaya und Mango schneiden. Auf Tellern anrichten, Sorbetbällchen dazwischen setzen.

Ideen

- Die Sorbets reichen für 8 Portionen als kleines Dessert oder als Zwischengericht. Für weniger Gäste bereiten Sie einfach nur eine Sorbetsorte zu.
- Ganz klassisch: Die Sorbetkugeln in Sektkelche legen und mit Sekt aufgießen.
- Lustig: Das Fruchtfleisch einer Kiwano (Sie sehen die außen gelbe, innen grüne Frucht mit Höckern auf der Schale auf Seite 6/7 aufgeschnitten) herauslöffeln und über die Sorbets streuen. Das Fruchtfleisch schmeckt zart nach Banane und Limette, die Kerne werden mitgegessen.
- Um die Farbe zu verstärken, könnte man das Mangopüree auch mit rotem Sekt auffüllen. Oder mit Campari (statt Tropenlikör) aromatisieren.
- Statt frischer Mango: Stücke aus der Dose nehmen (weniger Zucker dazugeben). Für ein Kiwi-Sorbet 2–3 Kiwis pürieren.
- Statt Sorbet ein Parfait herstellen: Zucker mit jeweils 2 Eigelb cremig schlagen, Fruchtmark und ⅛ l Schlagsahne unterziehen.

1

2

3

Eclairs mit Kakicreme, übersponnen mit Karamelfäden

Etwas aufwendiges Dessert.

Zartes, elegantes Gebäck als Nachtisch oder zum Tee. Reizvoll der Kontrast zwischen hartem Karamel und weicher Creme.

Auf einen Blick

10 Eclairs

Besonderes Gerät: Spritzbeutel mit Sterntülle; Backtrennpapier; abgeschnittener Schneebesen (zum Zuckerspinnen, Drähte zur Hälfte abknipsen; oder: Gabel).

Dauert insgesamt: 1 Std. 45 Min. (plus 4 Std. Kühlzeit)
Dabei zu tun: 1 Std.
Herd / Ofen: 10 / 25 Min.

Dazu servieren: eventuell noch Früchte.

Getränketip: Brown Coffee oder einfach Kaffee.

Pro Eclair: 1100 kJ/260 kcal

Einkaufen

Obst:
2 Kaki- oder Sharon-Früchte
1 unbehandelte Zitrone

Sonstiges:
200 ml süße Sahne
50 ml Milch
40 g Butter
50 g Mehl
2 Eier
50 + 100 g Zucker, Salz

Zubereiten

Die 2 Kakis waschen, Blütenansatz abziehen, die Früchte durch ein feines Sieb streichen.

Schale von 1 Zitrone abreiben, eine Hälfte auspressen. 3 EL Saft abmessen, mit 50 g Zucker und der geriebenen Schale unter das Kakimus ziehen.

200 ml Sahne steif schlagen, unterziehen und die Creme etwa 4 Std. kalt stellen, bis sie fest geworden ist.

Nach etwa 3 Std.: 50 ml Wasser mit 50 ml Milch in einer Kasserolle mit 40 g Butter und einer Prise Salz aufkochen.

1 Auf einen Schwung 50 g Mehl zugeben und so lange rühren, bis sich der Teig zu einem Kloß ballt und der Topfboden mit einer weißen Schicht überzogen ist.

Den Teig in eine Rührschüssel füllen und nach und nach mit 2 Eiern verrühren (das zweite erst zugeben, wenn das erste ganz eingearbeitet ist).

▶ Backofen auf 230° anheizen.

Den Teig in einen Spritzbeutel mit Sterntülle füllen. Backblech mit Backtrennpapier auslegen.

Aufs Papier 10 Streifen Teig spritzen.

▶ In den Backofen schieben. Nach 15 Min. die Hitze auf 200° reduzieren (Tür nicht öffnen!), noch 10 Min. backen (Umluft: 15 Min. bei 210°, 10 Min. bei 175°).

2 Die heißen Eclairs mit einer Schere längs aufschneiden, offen ausdampfen lassen.

Wenn sie völlig abgekühlt sind, mit der Kakicreme füllen, den Teigdeckel auflegen.

Helle Kasserolle oder Pfanne: 100 g Zucker mit 2 EL Wasser anfeuchten und so lange erhitzen, bis der Zucker schmilzt und zu bräunen beginnt. Dann den Topf mit der Unterseite kurz in kaltes Wasser tauchen. Eclairs mit etwas Karamel bepinseln.

3 Mit abgeschnittenem Schneebesen in den Karamel fahren und Fäden hin und her über die einzelnen Eclairs spinnen.

Anrichten

Die Eclairs möglichst frisch auf einer Platte reichen.

Ideen

- Gießen Sie in den vorgeheizten Ofen vorm Backen etwas Wasser. Der Dampf fördert das Aufgehen der Eclairs.
- Limetten-Bananenschaum herstellen, mit Gelatine dicken und als Füllung verwenden.
- Die Eclairs mit Lemon-Curd (finden Sie in Feinkostgeschäften) ausstreichen, mit frischen Mangos und Schlagsahne füllen.
- Die fertigen, abgekühlten Eclairs mit Kuvertüre überziehen.
- Aus dem Teig keine länglichen Eclairs, sondern kleine Windbeutel backen. Mit Papayakugeln, Limettensaft und fester Schlagsahne füllen.

Suchen & Finden

Aioli (»Ideen«) 28
Ananas:
Glasierte Schweineschulter, gefüllt mit Ananas-Polenta 54
In Rum marinierte Ananas mit Kokosbaiser 73
Marinierte Rum-Ananas im Speckmantel 18
Mit Rum getränkter Bananen-Pecannuß-Ring 68
Süß-saures Hühnerfrikassee im Kokosreisring 44
Aperitifs:
Bitter Melon 9
Caribbean Blue 8
Piña Colada 8
Sweet Lime 8
Tropical Planter's Punch 9
Avocados:
Feurige Fischsuppe mit Muscheln, Bataten, Kürbis und Avocadomus 62
Gebackene Bataten im Tontopf mit Basilikum-Avocadocreme 27
Mais-Okrapudding in warmer Avocadosauce 37
Salat von pochierten Kochbananen, Avocado und rohem Gemüse 23

Baba: Mit Rum getränkter Bananen-Pecannuß-Ring 68
Bananen:
Aufgeschlagener Limetten-Bananen-Schaum 70
In Rum mariniertes Schweinefilet in Bananenbrot 56
Mit Rum getränkter Bananen-Pecannuß-Ring 68
Basilikum:
Gebackene Bataten im Tontopf mit Basilikum-Avocadocreme 27
Überbackene Steaks und Krabben aus dem Ofen 42
Bataten (Süßkartoffeln):
Feurige Fischsuppe mit Muscheln, Bataten, Kürbis und Avocadomus 62
Gebackene Bataten im Tontopf mit Basilikum-Avocadocreme 27
Marinierte Rotbrassen, gebacken mit Kartoffeln und Bataten 48
Blanc Manger von Kokosnuß auf Mango-Kiwi-Mark 74
Bohnen: Marinierte, gebratene Spareribs mit Salat aus schwarzen Bohnen 24

Carpaccio: Hauchdünnes, rohes Rindfleisch in Rum-Marinade 30
Champignons: Omelette mit Okra, Gemüse und Pilzen vom Blech 36
Cocktailtomaten mit Mais-Speck-Kapern-Füllung 16
Crème Caramel: Kokospudding mit Karamelsauce 72
Crêpes: Salbei-Crêpe-Röllchen mit Leber-Rum-Creme 17

Digestifs:
Brown Coffee 66
Frappé Royal 66
Mango Cobbler 66
Pink Flamingo 67
Rainbow special 67

Eclairs mit Kakicreme, übersponnen mit Karamelfäden 77

Fisch:
Haifischsteaks in scharfer Limetten-Tomatensauce 49
Marinierte Rotbrassen, gebacken mit Kartoffeln und Bataten 48
Marinierter roher Fisch auf Tomaten, Schalotten und Petersilie 22
Scharfe Fischbällchen mit Peperoniherz 14
Frikassee: Süß-saures Hühnerfrikassee im Kokosreisring 44
Frittata: Omelette mit Okra, Gemüse und Pilzen vom Blech 36
Frühlingszwiebeln:
Frühlingszwiebeln in Limetten-Angostura-Sud 12
Mit Gemüse, Krabben und Kasseler gedünsteter Reis, kroß geröstet 58
Omelette mit Okra, Gemüse und Pilzen vom Blech 36
Süß-saures Hühnerfrikassee im Kokosreisring 44

Geflügel:
In Rum mariniertes Brathuhn mit Pecannußfülle unter der Haut 38
Kleine Rouladen von Hähnchenfleisch mit Petersilien-Farce 10
Mit Rum und Limetten marinierte Putenbrust mit Papayasauce 59
Süß-saures Hühnerfrikassee im Kokosreisring 44
Gemüsegratin, mit Kokosschnee überbacken 60
Glasierte Schweineschulter, gefüllt mit Ananas-Polenta 54
Gratiniertes Meeresfrüchteragout in Kokosnußhälften 28

Hackfleisch: Scharfe Fleischklößchen in saurem Paprikagemüse 26
Haifischsteaks in scharfer Limetten-Tomatensauce 49
Hirse: Papaya, mit Hirse-Soufflé gefüllt und überbacken 50

Kaki: Eclairs mit Kakicreme, übersponnen mit Karamelfäden 77
Karamel:
Eclairs mit Kakicreme, übersponnen mit Karamelfäden 77
Kokospudding mit Karamelsauce 72
Karibischer Reis (»Ideen«) 38
Kartoffeln: Marinierte Rotbrassen, gebacken mit Kartoffeln und Bataten 48
Kiwis: Blanc Manger von Kokosnuß auf Mango-Kiwi-Mark 74
Knoblauch: Marinierte Knoblauch-Krabben in Lauchcreme 13
Kochbananen:
Salat von pochierten Kochbananen, Avocado und rohem Gemüse 23
Tarte mit Kochbanane, roter Paprika, Zwiebeln und Schinken 46
Kokosnüsse:
Blanc Manger von Kokosnuß auf Mango-Kiwi-Mark 74
Gemüsegratin, mit Kokosschnee überbacken 60
Gratiniertes Meeresfrüchteragout in Kokosnußhälften 28
In Rum marinierte Ananas mit Kokosbaiser 73
Kokospudding mit Karamelsauce 72
Schinken, gebraten in Kokossahne mit Mango 40
Süß-saures Hühnerfrikassee im Kokosreisring 44
Krabben:
Marinierte Knoblauch-Krabben in Lauchcreme 13
Mit Gemüse, Krabben und Kassler gedünsteter Reis, kroß geröstet 58
Überbackene Steaks und Krabben aus dem Ofen 42
Kreolenreis: Mit Gemüse, Krabben und Kasseler gedünsteter Reis, kroß geröstet 58
Kürbis: Feurige Fischsuppe mit Muscheln, Bataten, Kürbis und Avocadomus 62

Lauch: Marinierte Knoblauch-Krabben in Lauchcreme 13
Limetten:
Aufgeschlagener Limetten-Bananen-Schaum 70
Frühlingszwiebeln in Limetten-Angostura-Sud 12
Haifischsteaks in scharfer Limetten-Tomatensauce 49
Mit Rum und Limetten marinierte Putenbrust mit Papayasauce 59
Longdrinks:
Ananas-Granat 34
Coco-Creme 34
Melonen-Granité 35
Papaya Bitter 35
Spiced iced Tea 34

Mais:
Cocktailtomaten mit Mais-Speck-Kapern-Füllung 16
Geröstete Maiskolben mit scharfer Kräuter-Vinaigrette 31
Glasierte Schweineschulter, gefüllt mit Ananas-Polenta 54
Mais-Okrapudding in warmer Avocadosauce 37
Mangos:
Blanc Manger von Kokosnuß auf Mango-Kiwi-Mark 74
Schinken, gebraten in Kokossahne mit Mango 40
Schweineragout mit Mangosaft, Tomaten und kleinen Schalotten 45
Sorbet von Mango und Papaya 76
Mariniertes:
Hauchdünnes rohes Rindfleisch in Rum-Marinade 30
In Rum marinierte Ananas mit Kokosbaiser 73
In Rum mariniertes Brathuhn mit Pecannußfülle unter der Haut 38
In Rum mariniertes Schweinefilet in Bananenbrot 56
Marinierte Knoblauch-Krabben in Lauchcreme 13
Marinierte Rotbrassen, gebacken mit Kartoffeln und Bataten 48
Marinierte, gebratene Spareribs mit Salat aus schwarzen Bohnen 24
Marinierter roher Fisch auf Tomaten, Schalotten und Petersilie 22
Mit Rum und Limetten marinierte Putenbrust mit Papayasauce 59
Mayonnaise (»Ideen«) 15
Meeresfrüchte:
Feurige Fischsuppe mit Muscheln, Bataten, Kürbis und Avocadomus 62
Gratiniertes Meeresfrüchteragout in Kokosnußhälften 28

Nüsse:
In Rum mariniertes Brathuhn mit Pecannußfülle unter der Haut 38
In Rum mariniertes Schweinefilet in Bananenbrot 56
Kleine Rouladen von Hähnchenfleisch mit Petersilien-Farce 10
Mit Gemüse, Krabben und Kasseler gedünsteter Reis, kroß geröstet 58
Mit Rum getränkter Bananen-Pecannuß-Ring 68

Okraschoten:
Geschmorte Orangen-Steaks mit Okragemüse 41
Mais-Okrapudding in warmer Avocadosauce 37
Omelette mit Okra, Gemüse und Pilzen vom Blech 36
Omelette mit Okra, Gemüse und Pilzen vom Blech 36
Orangen:
Geschmorte Orangen-Steaks mit Okragemüse 41
Sabayon von Rum mit Orangenschale auf Orangenfilets 71

Papaya:
Mit Rum und Limetten marinierte Putenbrust mit Papayasauce 59
Papaya, mit Hirse-Soufflé gefüllt und überbacken 50
Sorbet von Mango und Papaya 76
Paprikaschoten:
Frühlingszwiebeln in Limetten-Angostura-Sud 12
Scharfe Fleischklößchen in saurem Paprikagemüse 26
Tarte mit Kochbanane, roter Paprika, Zwiebeln und Schinken 46
Peperoni:
Feurige Fischsuppe mit Muscheln, Bataten, Kürbis und Avocadomus 62
Gemüsegratin, mit Kokosschnee überbacken 60
Geröstete Maiskolben mit scharfer Kräuter-Vinaigrette 31
Geschmorte Orangen-Steaks mit Okragemüse 41
Gratiniertes Meeresfrüchteragout in Kokosnußhälften 28
Haifischsteaks in scharfer Limetten-Tomatensauce 49
Marinierte, gebratene Spareribs mit Salat aus schwarzen Bohnen 24
Omelette mit Okra, Gemüse und Pilzen vom Blech 36
Scharfe Fischbällchen mit Peperoniherz 14
Scharfe Fleischklößchen in saurem Paprikagemüse 26
Süß-saures Hühnerfrikassee im Kokosreisring 44
Petersilie:
Kleine Rouladen von Hähnchenfleisch mit Petersilien-Farce 10
Marinierter roher Fisch auf Tomaten, Schalotten und Petersilie 22
Putenleber: Salbei-Crêpe-Röllchen mit Leber-Rum-Creme 17

Reis:
Mit Gemüse, Krabben und Kassler gedünsteter Reis, kroß geröstet 58
Süß-saures Hühnerfrikassee im Kokosreisring 44
Rind:
Geschmorte Orangen-Steaks mit Okragemüse 41
Hauchdünnes, rohes Rindfleisch in Rum-Marinade 30
Rotbrassen: Marinierte Rotbrassen, gebacken mit Kartoffeln und Bataten 48
Rouladen: Kleine Rouladen von Hähnchenfleisch mit Petersilien-Farce 10
Rum:
Glasierte Schweineschulter, gefüllt mit Ananas-Polenta 54
Hauchdünnes rohes Rindfleisch in Rum-Marinade 30
In Rum marinierte Ananas mit Kokosbaiser 73
In Rum mariniertes Brathuhn mit Pecannußfülle unter der Haut 38
In Rum mariniertes Schweinefilet in Bananenbrot 56
Marinierte Rum-Ananas im Speckmantel 18
Mit Rum getränkter Bananen-Pecannuß-Ring 68
Mit Rum und Limetten marinierte Putenbrust mit Papayasauce 59
Sabayon von Rum mit Orangenschale auf Orangenfilets 71

Salat:
Marinierte, gebratene Spareribs mit Salat aus schwarzen Bohnen 24
Salat von pochierten Kochbananen, Avocado und rohem Gemüse 23
Salbei-Crêpe-Röllchen mit Leber-Rum-Creme 17
Sauce Remoulade (»Ideen«) 15
Sauce Tatare (»Ideen«) 15
Schalotten:
Marinierter roher Fisch auf Tomaten, Schalotten und Petersilie 22
Schweineragout mit Mangosaft, Tomaten und kleinen Schalotten 45
Schwein & Schinken:
Glasierte Schweineschulter, gefüllt mit Ananas-Polenta 54
In Rum mariniertes Schweinefilet in Bananenbrot 56
Mit Gemüse, Krabben und Kasseler gedünsteter Reis, kroß geröstet 58
Schinken, gebraten in Kokossahne mit Mango 40
Schweineragout mit Mangosaft, Tomaten und kleinen Schalotten 45
Tarte mit Kochbanane, roter Paprika, Zwiebeln und Schinken 46
Überbackene Steaks und Krabben aus dem Ofen 42
Sorbet von Mango und Papaya 76
Spareribs: Marinierte, gebratene Spareribs und Salat aus schwarzen Bohnen 24
Speck:
Cocktailtomaten mit Mais-Speck-Kapern-Füllung 16
Marinierte Rum-Ananas im Speckmantel 18
Surf & Turf: Überbackene Steaks und Krabben aus dem Ofen 42

Tarte mit Kochbanane, roter Paprika, Zwiebeln und Schinken 46
Tomaten:
Cocktailtomaten mit Mais-Speck-Kapern-Füllung 16
Gemüsegratin, mit Kokosschnee überbacken 60
Geschmorte Orangen-Steaks mit Okragemüse 41
Haifischsteaks in scharfer Limetten-Tomatensauce 49
Mais-Okrapudding in warmer Avocadosauce 37
Marinierter roher Fisch auf Tomaten, Schalotten und Petersilie 22
Schweineragout mit Mangosaft, Tomaten und kleinen Schalotten 45
Überbackene Steaks und Krabben aus dem Ofen 42

Vinaigrette: Geröstete Maiskolben mit scharfer Kräuter-Vinaigrette 31

CIP-Titelaufnahme der Deutschen Bibliothek

Cramm, Dagmar von:
Karibik: Südsee-Rezepte d. feinen Art – aufregend exot./ Dagmar von Cramm. – 1. Aufl. – München: Gräfe u. Unzer, 1988 (GU-Ideen)
ISBN 3-7742-2227-4

1. Auflage 1988

Das IDEEN-Team
Reinhardt Hess: Konzeption & Redaktion;
Birgit Rademacker & Felicitas Holdau (Ass.): Redaktion & Herstellung;
Manfred Manke: Gestaltung;
Margarete Janssen & Manfred Manke: Fotos;
Helmut Giersberg: Produktion;
Oestreicher & Wagner GmbH: Reproduktion;
Gloor Satz Repro GmbH: Satz;
Appl, Wemding: Druck;
Conzella: Bindung

ISBN 3-7742-2227-4

IDEEN im Team

Machen Sie bereits das Kochen selber zum Gegenstand Ihrer Einladung: Dann fängt der Spaß schon bei der Zubereitung an. Außerdem: Viele Köche haben auch viele IDEEN – Teamwork weckt so richtig die Kreativität.

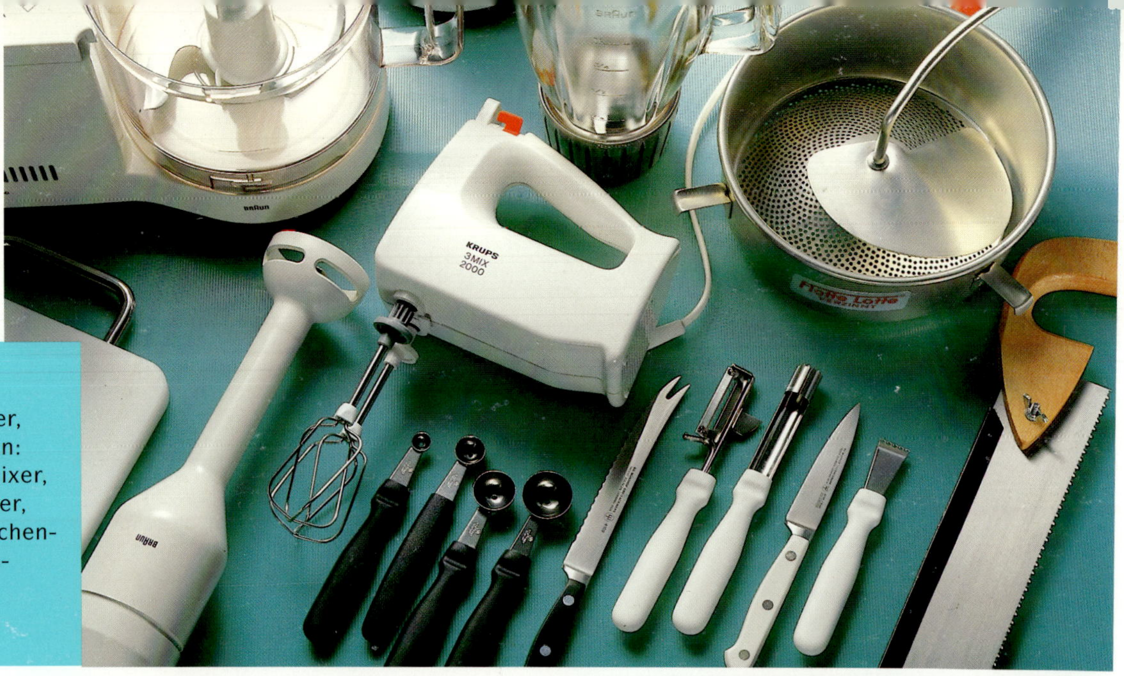

Besondere Geräte

Oben, von links: Blitzhacker, Mixer, Passiersieb (»Flotte Lotte«). Unten: Schneidbrett, Pürierstab, Handmixer, 4 Kugelausstecher, Tomatenmesser, Sparschäler, Apfelausstecher, Küchenmesser, Juliennereißer (für Zitrusschalen), Säge.

Planung ist wichtig
... denn sonst verderben viele Köche tatsächlich den Brei. Vorausgehen muß also ein richtiges »Briefing«: wer übernimmt was wann. Anhand unserer Arbeitsschritte fällt das leicht. Oder noch klarer: Jeder übernimmt einen Gang – entsprechend seinen ganz persönlichen Vorlieben und seiner Routine.

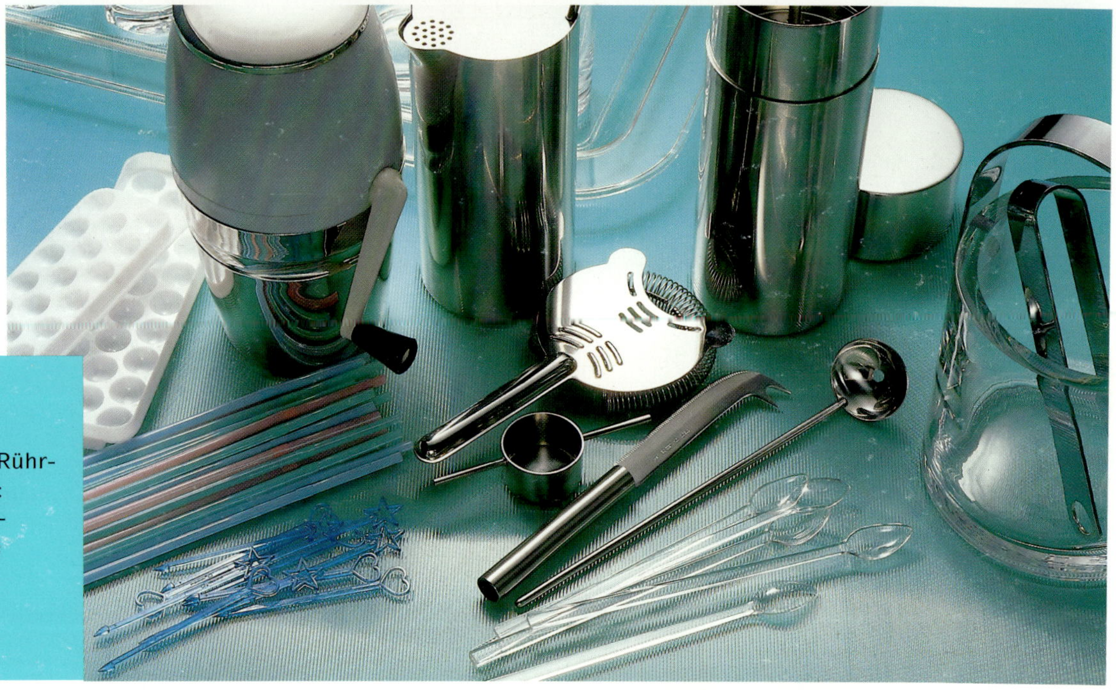

Zubehör zum Mixen

Von links oben: Eiswürfelschale (doppelte für Kugeln), Eismühle, Rührbecher mit Seiher, Shaker. Unten: Trinkhalme, Sticks, Barsieb, Meßbecher, Barmesser, verschiedene Rührlöffel, Eiswürfelbehälter mit Zange.

Temperament gefragt
Anregungen und Ideen kommen zusammen, wenn man schon am Vortag das Menü bespricht und jeder »seine« Einkäufe tätigt. Die Qualität der Gerichte profitiert sicher davon, denn der eine kennt einen zuverlässigen Metzger oder ein gutes Fischgeschäft, der andere den bestsortierten Obst- und Gemüsestand. Und es ist sicher reizvoll festzustellen, wie unterschiedlich sich jedes Temperament in der Küche verwirklicht. Und noch etwas: Ein Aperitif in der Küche beflügelt die Kochgeister (Rezepte dafür auf Seite 8 und 9). Doch probieren Sie nicht das ganze Repertoir durch, sonst entgleitet Ihnen das Menü mit Sicherheit!

Wer knackt die Nuß?

Kokosnüsse spielen in der karibischen Küche eine wichtige Rolle, doch das Öffnen ist nicht ganz einfach. Wer eine Feinsäge hat, ist gut dran. Sonst müssen Sie zum Hammer greifen und mit kräftigem Schlag die Schale zertrümmern (Handtuch unterlegen).

Das Fruchtfleisch sitzt fest auf der Schale und muß mit einem Messer angeschnitten und regelrecht »abgesprengt« werden. Das geht sehr gut mit einem gebogenen Grapefruitmesser (wenn es stabil genug ist). Sonst hilft wieder ein Griff in die Werkzeugkiste zum Schraubenzieher.

Die braune Haut auf den Spalten läßt sich am besten mit einem scharfen Sparschäler entfernen. Mit ihm kann man auch dünne Späne zum Garnieren abschälen. Pur zu essende Schnitze hält man auf Eis frisch. Wenn beim Kochen Kokosmilch verwendet wird, ist immer geriebenes, mit Wasser angesetztes, dann abgepreßtes Fruchtmark gemeint.